Kaspar/Weiler/Schlickum
Der Täter-Opfer-Ausgleich

AF836548

Der Täter-Opfer-Ausgleich

Recht • Methodik • Falldokumentation

von

Dr. Johannes Kaspar
o. Professor an der Universität Augsburg

Eva Weiler
Rechtsanwältin und Mediatorin in München

Dr. Gunter Schlickum
Rechtsanwalt und Mediator in München

2014

C.H.BECK

www.beck.de

ISBN 978 3 406 66210 2

© 2014 Verlag C.H. Beck oHG
Wilhelmstraße 9, 80801 München

Druck: Nomos Verlagsgesellschaft
In den Lissen 12, 76547 Sinzheim

Satz: H. Kloos, Berlin

Gedruckt auf säurefreiem, alterungsbeständigen Papier
(hergestellt aus chlorfrei gebleichtem Zellstoff)

Vorwort

Unser Buch will einen Einblick in die Theorie und Praxis des Täter-Opfer-Ausgleichs (TOA) geben.

Es handelt sich um ein sehr altes Prinzip, das vor einigen Jahrzehnten wiederentdeckt wurde. Ein kurzer Abriss über seine Geschichte steht am Anfang unserer Darstellung.

Im nächsten Teil stellen wir die rechtlichen Rahmenbedingungen dar. Behandelt werden auch alle für die Praxis wichtigen Fragen, wie z. B. Vertraulichkeit und Verschwiegenheit.

Anschließend beschreiben wir die Praxis des Täter-Opfer-Ausgleichs.

Fünf Interviews mit Vertretern der verschiedenen mit Strafverfahren befassten Berufsgruppen (Verteidiger, Opferanwalt, Staatsanwalt, Richter) zeigen deren unterschiedliche Perspektiven.

Zwei Berichte von Betroffenen (Täter und Opfer) machen die Auswirkungen einer Konfliktschlichtung auf ihr Leben deutlich.

Sechs Falldokumentationen mit unterschiedlichen Delikten in verschiedenen Verfahrensstadien beleuchten die Arbeit der Konfliktschlichter.

Im Anhang folgen Mustervereinbarungen mit Erläuterungen.

Wir möchten an dieser Stelle allen danken, die zu diesem Buch beigetragen haben. Unser Dank gilt insbesondere den Co-Autoren, ohne deren Mithilfe es nicht möglich gewesen wäre, einen so umfassenden Einblick in die Theorie und Praxis des Täter-Opfer-Ausgleichs zu geben.

Wir wünschen viel Freude beim Lesen!

München und Augsburg, im Juni 2014

Johannes Kaspar
Gunter Schlickum
Eva Weiler

Inhaltsverzeichnis

Literaturverzeichnis

Arloth, Frank	Strafvollzugsgesetz, 3. Aufl. 2011
Bals, Nadine/ Hilgartner, Christian/ Bannenberg, Britta	Täter-Opfer-Ausgleich im Erwachsenenbereich, 2005
Bannenberg, Britta	Wiedergutmachung in der Strafrechtspraxis, 1993
Baumann, Jürgen u. a. (Hrsg.)	Alternativ-Entwurf Wiedergutmachung, 1992
Beulke, Werner	Kommentierung der §§ 155a, b StPO, in: Löwe-Rosenberg (Hrsg.), StPO, 26. Aufl. 2008 (zitiert LR/*Bearbeiter*)
Bosch, Nikolaus	Wiedergutmachung und Strafe – Vollstreckungshilfe und Privilegierung überschuldeter Straftäter durch § 46a StGB, in: Dannecker u. a. (Hrsg.), Festschrift für Otto, 2007, 845 ff.
Brücke e. V. (Hrsg.)	Prävention, Mediation, Sanktion, 2003
Brücke e. V. (Hrsg.)	Prävention, Mediation, Sanktion, Die Konzeptionen der Brücke München, 2013
Brunner, Rudolf/ Dölling, Dieter	Jugendgerichtsgesetz, 12. Aufl. 2011
Busse, Jochen	Rückfalluntersuchung zum Täter-Opfer-Ausgleich, 2001
Dölling, Dieter/ Hartmann, Arthur	Täter-Opfer-Ausgleich im Erwachsenenstrafrecht bei den Staatsanwaltschaften Nürnberg-Fürth und Aschaffenburg, 2000
Dölling, Dieter/ Henninger, Susanne	Sonstige empirische Untersuchungen zum TOA, in: Dölling u. a. (Hrsg.), Täter-Opfer-Ausgleich in Deutschland, 1998, 203 ff.
Dreher, Eduard/ Tröndle, Herbert	Strafgesetzbuch, 47. Aufl. 1995
Eisenberg, Ulrich	Jugendgerichtsgesetz, 15. Aufl. 2012

Fritz, Roland Kommentierung von § 1 MediationsG, in: Fritz/Pielsticker (Hrsg.), Mediationsgesetz, 2013

Frühauf, Ludwig Wiedergutmachung zwischen Täter und Opfer, 1988

Götting, Bert Schadenswiedergutmachung im Strafverfahren, 2004

Goosens, Els A case from Belgium, in: Barabas u. a. (Hrsg.), Responsibility-taking, relationship-building and restoration in prison, 2012 (abrufbar unter http://mereps.foresee.hu/uploads/tx_abdownloads/files/MEREPS_FinalPublication_EN.pdf)

Hartmann, Arthur/Stroezel, Holger Die Bundesweite TOA-Statistik, in: Dölling u. a. (Hrsg.), Täter-Opfer-Ausgleich in Deutschland, 1998, 149 ff.

Hassemer, Winfried Einführung in die Grundlagen des Strafrechts, 2. Aufl. 1990

Hassemer, Winfried/Reemtsma, Jan Philipp Verbrechensopfer, 2002

Hehn, Marcus Entwicklung und Stand der Mediation – ein historischer Überblick, in: Haft/v. Schlieffen (Hrsg.), Handbuch Mediation, 2. Aufl. 2009, § 8

Horn, Eckhard/Wolters, Gereon Kommentierung von § 46a StGB, in: Rudolphi u. a. (Hrsg.), Systematischer Kommentar zum StGB, 8. Aufl. 2010 (zitiert StGB-StPO/*Bearbeiter*)

Jeckel, Ingo Schadenswiedergutmachung gem. § 46a Nr. 2 StGB über anwaltliche Schlichtungsstellen – Schlichtungsablauf und Auswirkungen auf das Strafverfahren, 2003

Jescheck, Hans-Heinrich/Weigend, Thomas Strafrecht Allgemeiner Teil, 5. Aufl. 1996

Jung, Heike Sanktionensysteme und Menschenrechte, 1992

Kaiser, Günther/Schöch, Heinz Kriminologie, Jugendstrafrecht, Strafvollzug, Juristischer Studienkurs, 7. Aufl. 2012

Kaspar, Johannes Wiedergutmachung und Mediation im Strafrecht, 2004

Kaspar, Johannes	Jenseits von Erziehung – zur Generalprävention als komplementärer Sanktionszweck des Jugendstrafrechts, in: Dölling u. a. (Hrsg.), Festschrift für Schöch, 2010, 209 ff.
Kaspar, Johannes	Zweckmäßiges oder gerechtes Strafen ? Überlegungen zur Relevanz kriminologischer Erkenntnisse in der straftheoretischen Diskussion, in: Koch/Rossi (Hrsg.), Gerechtigkeitsfragen in Gesellschaft und Wirtschaft, 2013, 103 ff.
Kerner, Hans-Jürgen	Mediation beim Täter-Opfer-Ausgleich, in: Haft/v. Schlieffen (Hrsg.), Handbuch Mediation, 2. Aufl. 2009, § 33
Kerner, Hans-Jürgen/ Eikens, Anke/ Hartmann, Arthur	Täter-Opfer-Ausgleich in Deutschland, 2012
Keudel, Anke	Die Effizienz des Täter-Opfer-Ausgleichs, 2000
Köberlein, Carolin	Schadenswiedergutmachung und Legalbewährung, 2006
Laubenthal, Klaus	Strafvollzug, 6. Aufl. 2011
Laubenthal, Klaus/Baier, Helmut/Nestler, Nina	Jugendstrafrecht, 2. Aufl. 2010
Loos, Fritz	Bemerkungen zu § 46a StGB, in: Weigend/Küpper (Hrsg.), Festschrift für Hirsch, 1999, 851 ff.
Maier, Stefan	Kommentierung von § 46a StGB, in: Joecks/Miebach (Hrsg.), Münchener Kommentar zum StGB, 2. Aufl. 2012, Band 2 (zitiert MüKo-StGB/*Bearbeiter*)
Meier, Bernd-Dieter	Strafrechtliche Sanktionen, 3. Aufl. 2009
Meier, Bernd-Dieter/ Rössner, Dieter/ Schöch, Heinz	Jugendstrafrecht, 3. Aufl. 2013
Meier, Bernd-Dieter/ Rössner, Dieter/Trüg, Gerson/Wulf, Rüdiger	Jugendgerichtsgesetz, 2011
Meyer-Goßner, Lutz/ Schmitt, Bertram	Strafprozessordnung, 57. Aufl. 2014
Mühlfeld, Stefanie	Mediation im Strafrecht, 2002

Netzig, Lutz/ Petzold, Frauke Abschlussbericht der Aktionsforschung zum Modellprojekt Täter-Opfer-Ausgleich bei der Waage Hannover e. V., in: Pfeiffer (Hrsg.), Täter-Opfer-Ausgleich im allgemeinen Strafrecht, 1997, 9 ff.

Ostendorf, Heribert Jugendgerichtsgesetz, 9. Aufl. 2013

Pielsticker, Susanne § 46a StGB – Revisionsfalle oder sinnvolle Bereicherung des Sanktionenrechts, 2003

Rössner, Dieter Wiedergutmachen statt übelvergelten – (Straf-) theoretische Begründung und Eingrenzung der kriminalpolitischen Idee, in: Marks/Rössner (Hrsg.), Täter-Opfer-Ausgleich, 1989, 7 ff.

Rössner, Dieter Wiedergutmachung als Aufgabe der Strafrechtspflege, in: Hering/Rössner (Hrsg.), TOA im allgemeinen Strafrecht, 1993, 99 ff.

Rössner, Dieter/ Klaus, Thomas Rechtsgrundlagen und Rechtspraxis, in: Dölling u. a. (Hrsg.), Täter-Opfer-Ausgleich in Deutschland, 1998, 49 ff.

Rössner, Dieter Wirklichkeit und Wirkung des TOA in Deutschland, in: Schöch (Hrsg.), Festschrift für Böttcher, 2007, 357 ff.

Roxin, Claus Die Wiedergutmachung im System der Strafzwecke, in: Schöch (Hrsg.), Wiedergutmachung im Strafrecht, 1987

Roxin, Claus Strafrecht Allgemeiner Teil, Band I, 4. Aufl. 2006

Schäfer, Gerhard/ Sander, Günther/ van Gemmeren, Gerhard Praxis der Strafzumessung, 5. Aufl. 2012

Schöch, Heinz Empirische Grundlagen der Generalprävention, in: Vogler (Hrsg.), Festschrift für Jescheck, Band 2, 1985, 1081 ff.

Schöch, Heinz (Hrsg.) Wiedergutmachung im Strafrecht, 1987

Schöch, Heinz Gutachten zum 59. Deutschen Juristentag, 1992

Schöch, Heinz Der Alternativ-Entwurf Wiedergutmachung, in: Marks u. a.(Hrsg.), Wiedergutmachung und Strafrechtspraxis, 1993, 359 ff.

Schöch, Heinz	Täter-Opfer-Ausgleich und Schadenswiedergutmachung gem. § 46a StGB, in: Canaris u. a. (Hrsg.), 50 Jahre Bundesgerichtshof, Festgabe aus der Wissenschaft, Band IV, 2000
Schöch, Heinz	Wege und Irrwege der Wiedergutmachung im Strafrecht, in: Schünemann u. a. (Hrsg.), Festschrift für Roxin, 2001, 1065 ff.
Schöch, Heinz	Die „unterbelichtete" Schadenswiedergutmachung gem. § 46a StGB, in: Bernsmann/Fischer (Hrsg.), Festschrift für Rissing-van Saan, 2011, 639 ff.
Schöch, Heinz	Neue Perspektiven für eine opferbezogene Vollzugsgestaltung, in: Neubacher/Kubink (Hrsg.), Gedächtnisschrift für Michael Walter, 2014, 607 ff.
Sessar, Klaus	Wiedergutmachen oder Strafen, 1992
Sternberg-Lieben, Detlev/ Hecker, Bernd	Kommentierung von § 315c StGB, in: Schönke/ Schröder, Strafgesetzbuch, 28. Aufl. 2010. (zitiert Sch/Sch/*Bearbeiter*)
Streng, Franz	Strafrechtliche Sanktionen, 3. Aufl. 2012
Streng, Franz	Jugendstrafrecht, 3. Aufl. 2012
Trenczek, Thomas	Vermittlung in strafrechtlich relevanten Konflikten, in: ders. u. a. (Hrsg.), Mediation und Konfliktmanagement, 2013, 582 ff.
Walter, Michael	Mediation im strafrechtlichen Bereich, in: Henssler/Koch (Hrsg.), Mediation in der Anwaltspraxis, 2000, 471 ff.
Weitekamp, Elmar/Kerner, Hans-Jürgen (Hrsg.)	Restorative Justice in Context, 2003
Weßlau, Edda	Kommentierung der §§ 151–157 StPO, in: Wolter (Hrsg.), Systematischer Kommentar zur StPO, Band III, 4. Aufl. 2011 (zitiert SK-StPO/*Bearbeiter*)
Ziegler, Volker/ Vordermayer, Helmut	Kommentierung der §§ 155a, 155b StPO, in: Satzger/Schluckebier/Widmaier (Hrsg.), StPO, 2014 (zitiert SSW/*Bearbeiter*)

A. Idee und Geschichte

Der **Täter-Opfer-Ausgleich** (im Folgenden: TOA) ist ein altes Prinzip mit einer langen Geschichte. Wiedergutmachungsregelungen zwischen Täter und Opfer scheinen ein „**universales Phänomen** in nahezu allen Kulturkreisen“[1] zu sein. Dies zeigen Untersuchungen für den Bereich der Keilschriftenrechte ebenso wie für die Antike, das islamische Rechtssystem, den Hinduismus und hoch entwickelte Stammeskulturen.[2]

Es ist es in erster Linie die **Befriedungsfunktion**, die dem TOA seine Bedeutung verleiht. Dieser Aspekt war in frühen Gesellschaftsformen von überragender Wichtigkeit. Durch eine Entschädigung konnte die Rache der Opferseite abgewendet werden. Andernfalls war mit der rächenden Vergeltung am Täter zu rechnen. Mit der Herausbildung von Kompensationsregeln wurde das Vergeltungsprinzip zurückgedrängt.[3]

Geht man zurück in der **Historie,** finden sich die wohl ältesten Regeln im **Codex Hammurabi**, benannt nach einem babylonischen König, der um 2000 v. Chr. herrschte.[4] Geregelt waren etwa die Folgen bestimmter Diebstahlsdelikte.

§ 295 betraf den Diebstahl eines Wasserrades:

„Wenn ein Mann ein Wasserrad von der Flur stiehlt, zahlt (gibt) er dem Eigentümer des Wasserrades fünf Schekel Silber.“[5]

§ 260 regelte die Folgen des Diebstahls eines Pfluges:

„Wenn ein Mann einen Schöpfeimer oder einen Pflug stiehlt, gibt er drei Schekel.“

Auch für Körperverletzungs- und Tötungsdelikte gab es Regelungen.

§ 206 regelte die Folgen einer Körperverletzung:

„Wenn ein Mann einen anderen im Streite schlägt und ihm eine Wunde beibringt, soll er (...) den Arzt bezahlen.“

§ 207 ergänzte:

„Wenn er (das Opfer) von seinem Schlage stirbt, soll er (...) eine halbe Mine Geld bezahlen.“

---

[1] *Frühauf*, S. 11.
[2] *Frühauf*, S. 11 mwN.
[3] *Hassemer*, S. 70.
[4] *Frühauf*, S. 8.
[5] S. (auch zu den folgenden Zitaten) *Frühauf*, S. 9 f.

Detaillierte Regeln gab es auch bei den **Hethitern**. Deren Hauptgesetzeswerk aus der Zeit um ca. 1300 v. Chr. enthielt einen ganzen Katalog von Wiedergutmachungsregelungen. Zu den geregelten Delikten zählte die Körperverletzung. Wenn jemand einen Menschen verletzt hatte, hatte er ihn zu pflegen. Außerdem hatte er ihm eine Arbeitskraft zu stellen bis er gesund war.[6]

Auch im **römischen Rechtswesen** war das Prinzip der Wiedergutmachung bekannt. Die Transactio stellte einen „Vergleichs- oder Sühnevertrag zwischen Täter und Opfer“[7] dar. Der Verpflichtung des Täters, dem Opfer oder seinen Angehörigen ein Sühnegeld zu zahlen oder den Schaden auf andere Weise auszugleichen, stand die Verpflichtung des Opfers gegenüber, von einer Anklage gegen den Täter abzusehen. Letzterer hatte keine Strafe mehr zu gewärtigen.[8]

Bei den **Germanen** spielte der Wiedergutmachungsgedanke eine große Rolle. Ursprünglich in einer Art „Volksverfassung“[9] organisiert, in deren Zentrum die „Volksversammlung“ der wehrhaften Männer stand, wurden wichtige Ordnungsfunktionen von den Sippen wahrgenommen.[10] Die Ahndung unrechtmäßigen Verhaltens war in erster Linie ihre Angelegenheit. Konflikte zwischen Sippenmitgliedern wurden im Rahmen der Sippe bereinigt.[11] Rechtsbrüche zwischen sippenfremden Personen wurden zwischen den Sippen geregelt. Dies konnte durch eine Wiedergutmachungsleistung der Täter-Sippe an die Opfer-Sippe geschehen. Ihre Höhe war abhängig vom Wert der gestohlenen Sache, der Schwere der zugefügten Verletzung, beim Totschlag auch von der sozialen Stellung des Getöteten.[12]

Nach dem Abflauen der Völkerwanderung ging man, beeinflusst durch das römische Rechtssystem, dazu über, das vorher nur mündlich tradierte Gewohnheitsrecht schriftlich zu fixieren.[13] Ein Beispiel dafür ist die **Lex Salica**, deren erste Fassung aus dem fünften nachchristlichen Jahrhundert stammt. Es ist im Wesentlichen ein Bußkatalog, der für bestimmte Delikte bestimmte Entschädigungsleistungen des Täters an das Opfer festgelegt.[14] Geregelt sind die Folgen eines Diebstahls genauso wie die einer Körperverletzung oder einer Tötung.

---

[6] *Frühauf,* S. 10.
[7] *Hehn,* S. 184; vgl. auch *Mühlfeld,* S. 167.
[8] *Hehn,* in: Haft/v. Schlieffen (Hrsg.), Handbuch Mediation, § 8, S. 184.
[9] *Frühauf,* S. 18.
[10] *Frühauf,* S. 20.
[11] *Frühauf,* S. 22.
[12] *Frühauf,* S. 29.
[13] *Frühauf,* S. 12.
[14] Zum Folgenden s. *Frühauf,* S. 14 ff.

Wer ein „saugendes Kalb" (Jungtier) gestohlen hatte, sollte 120 Pfennige bezahlen, für ein einjähriges Rind waren es 600 Pfennige Bei Körperverletzungen wurde darauf abgestellt, welcher Körperteil betroffen war. Für einen abgeschlagenen Fuß waren 2500 Pfennige zu bezahlen, für ein herausgelöstes Auge ebenfalls 2500 Pfennige und für eine abgeschlagene Nase 1800 Pfennige. Ein Totschlag hatte eine Ausgleichsleistung von 3000 Pfennigen zur Folge

Im **Mittelalter** gab es zwei Rechtsinstitute, welche die Schadenswiedergutmachung und Genugtuung des Opfers zum Gegenstand hatten. Die vom römischen Recht übernommene **Transactio** spielte im italienischen Strafrecht des 14., 15. und 16. Jahrhunderts, aber auch im germanischen Rechtskreis eine wichtige Rolle.[15] Außerdem gab es das **Wergeld** (von lateinisch „vir" = Mann), das besonders im Volksrecht der Sachsen (um 800) und im Sachsenspiegel (um 1209) verankert war.[16] Es handelte sich um eine gerichtlich verhängte Strafe, die aber nur verfügt wurde, wenn keine Einigung zwischen Täter und Opfer zustande kam. Ihr Hauptzweck bestand darin, die Fehde zu beenden und die Blutrache zwischen den betroffenen Sippen abzuwenden.[17] Vorrangig war der Ausgleich zwischen den Beteiligten.[18]

Mit der zunehmenden Verrechtlichung und Institutionalisierung von Konflikten trat der Ausgleichsgedanke in den Hintergrund. Um die Wende vom 18. zum 19. Jahrhundert verschwanden die Transactio wie auch das Wergeld weitgehend aus den strafrechtlichen Schriften.[19]

Die Ahndung von Verbrechen wurde Sache des Staates. Die Strafe wurde als Sanktion verstanden, die dem Staat zustand und vom Täter zu dulden war. Die Beziehung zwischen Täter und Opfer war kaum noch von Bedeutung.[20] Wegen der Kompensation für erlittenes Unrecht wurde das Opfer zunehmend auf das Zivilrecht verwiesen.[21] Der direkte Ausgleich zwischen Täter und Opfer spielte im Strafrecht keine Rolle mehr.

Erst im letzten Jahrhundert wurde der TOA wiederentdeckt. Der Ausgangspunkt der Entwicklung lag in den **USA**. In den siebziger Jahren verstärkte sich dort die Suche nach Alternativen zum herkömmlichen Strafsystem.[22] Hintergrund war das Scheitern der bisherigen Reformmodelle. Gesucht wur-

---

[15] *Hehn,* in: Haft/v. Schlieffen (Hrsg.), Handbuch Mediation, § 8, S. 184.
[16] *Hehn,* in: Haft/v. Schlieffen (Hrsg.), Handbuch Mediation, § 8, S.184.
[17] *Hehn,* in: Haft/v. Schlieffen (Hrsg.), Handbuch Mediation, § 8, S. 184.
[18] *Hehn,* in: Haft/v. Schlieffen (Hrsg.), Handbuch Mediation, § 8, S. 184.
[19] *Hehn,* in: Haft/v. Schlieffen (Hrsg.), Handbuch Mediation, § 8, S. 186.
[20] Zu diesem Prozess der „Neutralisierung" des Opfers im Strafrecht s. *Hassemer,* S. 70 ff.
[21] *Hehn,* in: Haft/v. Schlieffen (Hrsg.), Handbuch Mediation, § 8, S. 186.
[22] *Frühauf,* S. 2.

de nach neuen Möglichkeiten zur Kriminalitätsbekämpfung. Dabei trat der Wiedergutmachungsgedanke zunehmend ins Blickfeld. Die Zielorientierung ging in zwei Richtungen. Einerseits sollte dem **Opfer** eine **Unterstützung** zuteil werden, andererseits der Täter zur Wiedergutmachung des Unrechts angehalten und eine bessere **Resozialisierung** erreicht werden. Es wurden Pilotprojekte ins Leben gerufen, deren Ergebnisse ermutigend waren.[23]

Die Erfahrungen in den USA inspirierten die Entwicklung in **Deutschland**. Auch hier ging die Diskussion um die bessere Unterstützung der Opferseite.[24] Später geriet auch die Wiedergutmachung der Tatfolgen verstärkt in den Fokus der Überlegungen.[25]

1990 wurde der Ausgleich zwischen Täter und Opfer zunächst im **Jugendstrafrecht** gesetzlich verankert, nachdem er im Wege einer „Reform von unten" bereits zuvor von vielen Jugendrichtern gefördert und berücksichtigt worden war. Seitdem gibt beispielweise § 10 JGG dem Richter ausdrücklich die Möglichkeit, den Beschuldigten im Wege einer Weisung zu einem TOA anzuhalten.[26]

Die positiven Erfahrungen im Jugendstrafrecht veranlassten den Gesetzgeber, 1994 auch für das **allgemeine Strafrecht** eine Regelung zu schaffen. § 46a StGB erlaubt es dem Gericht, die Strafe nach Durchführung eines TOA zu mildern und unter bestimmten Voraussetzungen ganz von Strafe abzusehen.[27] Schließlich ist noch die 1999 erfolgte Einführung flankierender **prozessualer Regelungen**, v.a. in §§ 155a und 155b StPO zu nennen, mit denen der Gesetzgeber den TOA im Strafrecht weiter fördern wollte. Er hat damit zum wiederholten Male deutlich zum Ausdruck gebracht, dass der Ausgleich zwischen Täter und Opfer keine rein zivilrechtliche Angelegenheit ist, sondern auch im Strafrecht seinen legitimen Platz hat. Auch wenn sicher noch Potenzial für eine Steigerung der Anwendungszahlen besteht[28], kann man sagen, dass der TOA mittlerweile im Strafrecht angekommen ist und sich dort bewährt hat.[29]

Die Wiederbelebung des Wiedergutmachungsprinzips unter direkter Anknüpfung an alte Traditionen gelang in **Papua-Neuginea**. Die Anthropologin *Polly Wiessner* beobachtete dort seit 1985 die Konflikte unter den verschiedenen Clans aus der Volksgruppe der Enga und das Wechselspiel zwischen kriegerischer Eskalation und Frieden. 2012 stellte sie ihre Ergebnisse vor.[30]

---

[23] *Frühauf,* S. 2.
[24] *Frühauf,* S. 3.
[25] Vgl. nur den Sammelband von *Schöch*, Wiedergutmachung im Strafrecht, 1987.
[26] S. näher unten B. III. 2. b).
[27] S. näher unten B. III. 1. d).
[28] Zu den empirischen Daten aus der bundesweiten TOA-Statistik s. unten C. I. 2.
[29] *Kerner,* in: Haft/v. Schlieffen (Hrsg.), Handbuch Mediation, § 33 Rn. 36.
[30] *Culotta* Science 2012, 1593 f.

Gegenstand der Konflikte bei den Engas waren Rivalitäten um Äcker Süßkartoffeln und Schweine. Oft kam es zu gewalttätigen Auseinandersetzungen. Traditionell trugen die Clans ihre Streitigkeiten mit Pfeil und Bogen aus. Ein Ehrenkodex sorgte lange dafür, dass es dabei blieb, obwohl es inzwischen Schusswaffen gab. Dies änderte sich ab 1990, als man dazu überging, Schnellfeuergewehre einzusetzen. Die durchschnittliche Zahl der Toten pro Konflikt, die einmal bei 3,7 gelegen hatte, schnellte auf 17,8 hoch.[31] Zwischen 1991 und 2010 gab es 501 Kriege mit 4816 Toten. Fast ein Prozent der Bevölkerung fiel den Auseinandersetzungen zum Opfer.

Diese Entwicklung förderte eine Rückbesinnung auf alte soziale Bräuche. Traditionell war es die Aufgabe der Dorfältesten, nach Konflikten wieder Frieden zu stiften. Dabei spielte die Schadenswiedergutmachung zwischen dem Täter-Clan und dem Opfer-Clan eine zentrale Rolle. Meist wurden auf rituellen Veranstaltungen Schweine als Wiedergutmachung übergeben.[32]

Die alten sozialen Bräuche waren unter der australischen Kolonialherrschaft in der zweiten Hälfte des 20. Jahrhunderts abgeschafft worden, aber in der Bevölkerung nach wie vor lebendig. In den 1990er-Jahren gelang es, daran anzuknüpfen. Die Dorfinstitutionen gewannen wieder mehr Bedeutung. Vermehrt wurden wieder die Dorfgerichte eingeschaltet, die selten jemanden ins Gefängnis schicken und stattdessen lieber Kompensationen festlegen. Unrecht wird nicht geahndet, indem der Täter bestraft wird, sondern indem das Opfer durch den Täter entschädigt wird, meist in Form von Schweinen oder Geld. Das Prinzip der Wiedergutmachung wird auch bei schwersten Verbrechen angewendet. Dies zeigt der Fall eines Enga-Mannes, der eine Mutter von fünf Kindern vergewaltigt und getötet hatte. Der Witwer entschied sich, das Dorfgericht anzurufen, weil er auf diesem Weg eine Wiedergutmachung erreichen konnte. Er erhielt Geldleistungen, die es ihm ermöglichten, wieder zu heiraten und das Schulgeld für seine Kinder zu bezahlen[33]; ob dem Täter weitere Sanktionen auferlegt wurden ist nicht bekannt.

Die **Wiederbelebung des alten Prinzips der Wiedergutmachung** hat wesentlich dazu beigetragen, das Volk der Enga zu befrieden. Die Zahl der Konflikte ging ebenso zurück wie die durchschnittliche Zahl der Toten pro Konflikt. *Wiessner* sieht den Ansatz der **„Restorative Justice"**, die Beziehungen wiederherzustellen und die Verletzungen eines Verbrechens zu heilen, durch ihre Arbeit bestätigt. Sie lässt ihre Erfahrung aus 25 Jahren Forschung bei den Engas in die Feststellung münden, dass Kompensationen helfen, die Köpfe und Herzen der Menschen zu verändern.[34]

---

[31] *Culotta* Science 2012, 1593.
[32] *Culotta* Science 2012, 1593.
[33] *Culotta* Science 2012, 1593.
[34] *Culotta* Science 2012, 1593.

B. Recht

Der im ersten Abschnitt dargestellte universale Ausgleichsgedanke hat, wie bereits angedeutet wurde, mittlerweile an einigen Stellen auch Eingang in das Strafrecht gefunden. Damit sind die rechtlichen Grundlagen des TOA angesprochen. Bevor diese im Überblick dargestellt werden (unten III.) ist noch zu klären, was eigentlich genau gemeint ist, wenn man von einem „Täter-Opfer-Ausgleich" im Sinne des Strafrechts spricht (unten I.) und in welchem Verhältnis er zu den Zwecken steht, die man mit staatlicher Strafe verfolgt (unten II.).

I. Begriff

Der Begriff des „Täter-Opfer-Ausgleichs" lässt eine weite und eine enge, stärker an der gesetzlichen Systematik orientierte Deutung zu.

1. TOA im weiten Sinn

Man kann ihn weit verstehen als Ausdruck des allgemeinen Gedankens, dass Straftatfolgen jeglicher Art unter Einbezug des Opfers **wiedergutgemacht** werden. Ein solcher **TOA im weiten Sinne** kann immaterielle Leistungen (wie eine Entschuldigung des Täters), materielle Leistungen (wie die Zahlung von Schmerzensgeld) oder eine Kombination von beidem enthalten. Diese weite Definition wird regelmäßig auch hier zugrunde gelegt, wenn vom „Täter-Opfer-Ausgleich" (TOA) die Rede ist.

2. TOA im engen Sinn und Schadenswiedergutmachung

Das Gesetz differenziert allerdings in § 46a StGB und an anderer Stelle[35] noch feiner zwischen TOA (§ 46a Nr. 1 StGB) einerseits und Schadenswiedergutmachung (§ 46a Nr. 2 StGB) andererseits.[36] Unterscheiden lassen sich beide Fallgruppen anhand des **Schwerpunktes der Ausgleichsleistungen.** Beim **TOA im engen Sinn** stehen die immateriellen Leistungen des Täters mehr im Vordergrund. Konfliktbereinigung durch ein persönliches Gespräch und ggf. eine Entschuldigung dürfen hier zumindest nicht von vornherein ausgeschlossen sein. Es geht (gerade) um das persönliche „Bemühen" des

---

[35] S. etwa § 153a I 2 Nr. 1 und Nr. 5 StPO, dazu näher unten III. 1. a) bb).

[36] Zu § 46a StGB s. näher unten III. 1. d).

Täters, wie sich auch der gesetzlichen Umschreibung in § 46a Nr. 1 StGB entnehmen lässt. Die Tatsache, dass auch Geldzahlungen ein Teil dieser Konfliktbereinigung sind, steht einer Einordnung als TOA im engen Sinne allerdings nicht entgegen.

Beispiel: Nach einer Körperverletzung wird im Rahmen eines Ausgleichsgesprächs zwischen Täter und Opfer neben einer Entschuldigung die Zahlung eines Schmerzensgeldes in Höhe von € 1.000 vereinbart. Hier sind ausreichend persönliche Elemente enthalten, um den Weg über § 46a Nr. 1 StGB zu eröffnen.

Nur wenn der Ausgleich von vornherein (auch wegen des Charakters der Delikte) allein auf materielle Leistungen ausgerichtet ist, kann von einem TOA im engen Sinne mit entsprechender personaler Komponente nicht mehr gesprochen werden. Hier kommt lediglich eine **Schadenswiedergutmachung** gem. § 46a Nr. 2 StGB in Betracht.

Beispiel: Der Täter eines Betrugs zahlt dem geschädigten Unternehmen den gesamten Betrag samt Zinsen, wie vorab schriftlich vereinbart, in monatlichen Raten zurück. Hier fehlt ein auf persönliche Konfliktlösung abzielendes Verhalten, das gegenüber einem geschädigten Unternehmen ohnehin fehl am Platz wäre.[37]

Die Unterscheidung ist insofern praktisch relevant, als bei reiner Schadenswiedergutmachung das bloße Bemühen des Täters für die Anwendung von § 46a StGB nicht genügt; hier muss der entstandene Schaden zumindest überwiegend wieder gutgemacht worden sein.[38]

3. Abgrenzung zu verfahrensbezogenen Begriffen

Zu beachten ist, dass es sich beim TOA um einen **ergebnisbezogenen Begriff** handelt, der die Frage der dabei zu wählenden **Verfahrensweise** offen lässt.[39] Dafür kommen idealtypisch vor allem Mediation, Schlichtung sowie als Gegenstand einer recht neuen Entwicklung die Durchführung von „Restorative Circles“ bzw. „Friedenszirkeln“ in Betracht.[40]

---

[37] Zur Möglichkeit eines TOA auch bei juristischen Personen als Tatopfer s. unten III. 1. d) cc) (1).

[38] S. näher unten III. 1. d) dd) (2).

[39] Vgl. die Differenzierung bei *Hartmann/Steengrafe* TOA-Infodienst Nr. 43 (2012), 28; *Trenczek,* S. 582.

[40] S. dazu näher unten C. II. 3. d) sowie *Ehret* TOA-Magazin 1/2013, 36 ff. Auf die Möglichkeit der Erweiterung des Kreises beteiligter Personen weist auch *Meier,* S. 356 hin.

Im Rahmen einer **Mediation** wird die Lösung eines Konflikts unter Anleitung eines neutralen Dritten, des Mediators, angestrebt. Bei der Durchführung eines klassischen TOA im engen Sinn werden regelmäßig zentrale Elemente der Mediation zur Anwendung kommen, etwa die Orientierung an den Interessen der Parteien sowie die strikte Neutralität bzw. Allparteilichkeit des Mediators. Insofern kann der TOA in seiner herkömmlichen Form als Einsatz von Mediation im Strafrecht bezeichnet werden.[41]

Die **Schlichtung** ist eine weitere verfahrensbezogene Kategorie, die sich von Mediation vor allem dadurch unterscheidet, dass der Schlichter eine aktivere Rolle einnimmt als der Mediator und es ihm freisteht, einen eigenen (wenn auch die Parteien nicht bindenden[42]) Lösungsvorschlag einzubringen. Auch auf diesem Wege kann ein TOA zustande kommen.

Schließlich ist noch auf die sogenannten **Friedenszirkel** hinzuweisen, die eine besondere Verfahrensart darstellen. Hier wird im Rahmen einer nach festgelegten Regeln ablaufenden Gesprächsrunde eine Konfliktlösung zwischen den Parteien angestrebt und dabei der Kreis der Beteiligten erweitert um sonstige (auch nur mittelbar) Betroffene, Behördenvertreter etc. Im Ausland wird diese Form der Konfliktlösung bereits erfolgreich praktiziert; auch in Deutschland gewinnt sie an Aufmerksamkeit. Und auch sie könnte ohne weiteres die Grundlage für einen TOA im Sinne des Strafrechts sein, mag sich dies aufgrund des höheren organisatorischen Aufwands auch eher auf besonders gelagerte Fälle beschränken.

Die **„Verfahrensoffenheit" des TOA** hat wichtige Konsequenzen für die praktische Anwendung. So wird bei der Durchführung eines TOA zwar regelmäßig (und auch zweckmäßigerweise) eine neutrale dritte Person als **Vermittler** eingeschaltet werden, dies ist aber, wie auch die Beachtung sonstiger formaler Regeln, **keine zwingende Voraussetzung** eines TOA.[43]

4. Kritik am Begriff des TOA

Am Begriff des „Täter-Opfer-Ausgleichs" wird teilweise kritisiert, dass vor der rechtskräftigen Verurteilung die Tatbegehung durch den Angeklagten nicht festgestellt sei. Man könne daher zu diesem Zeitpunkt weder von einem „Täter" noch vom einem (tatsächlichen) „Opfer" sprechen; eine solche **Rollenzuschreibung** sei verfrüht. Manche sehen hierin sogar einen Verstoß gegen die **Unschuldsvermutung**.[44] Letzteres überzeugt nicht, da es sich um eine terminologische Frage handelt, die mit keinem echten

---

[41] *Kaspar*, Wiedergutmachung und Mediation im Strafrecht, S. 3.
[42] Vgl. *Kaspar*, Wiedergutmachung und Mediation im Strafrecht, S. 3.
[43] S. nur *Meier*, S. 340.
[44] *Kondziela* MSchKrim 1989, 177 ff.; s. auch *Püschel* StraFo 2006, 261; *Trenczek*, in: ders. u. a. (Hrsg.), Mediation und Konfliktmanagement, S. 582 mit Fn. 8.

Nachteil für den Betroffenen verbunden ist. Zwar wäre die Bezeichnung als **„Tatausgleich“**, wie sie in Österreich verwendet wird[45], neutraler und insofern vorzugswürdig. Hierzulande hat sich der Begriff des TOA aber mittlerweile fest etabliert und wird auch vom Gesetzgeber mehrfach verwendet.[46] An ihm sollte daher festgehalten werden.

II. Straftheoretische Bedeutung des TOA

Der erfolgreiche TOA im Strafrecht führt regelmäßig zu einer Besserstellung des Täters im Wege einer Einstellung des Verfahrens, einer Strafmilderung oder in Ausnahmefällen eines Absehens von Strafe.[47] Die Forderung nach einer Etablierung und Ausweitung des TOA hängt wesentlich davon ab, ob man diese Begünstigung für sachgerecht hält. Das wiederum wirft die Frage auf, in welchem Verhältnis der TOA zu den üblicherweise diskutierten Zwecken der staatlichen Strafe steht[48], ob er also diese Zwecke fördern kann oder ihnen zumindest nicht entgegensteht (unten 1.). Im Anschluss ist dann noch zu erörtern, ob man sogar von Wiedergutmachung als ganz neuem und eigenständigem Strafzweck ausgehen sollte, wie dies von manchen vorgeschlagen wird (unten 2.).

1. TOA und Strafzwecke

Üblicherweise werden vor allem drei Zwecke der staatlichen Strafe diskutiert.[49] Einerseits soll mit der Strafe Vergeltung für die begangene Straftat geübt bzw. (wie heute eher formuliert wird) „Schuldausgleich“ bewirkt werden. Daneben wird vertreten, dass die Strafe zukünftige Straftaten verhindern soll, entweder durch Einwirkung auf den Täter (Spezialprävention) oder auf die Allgemeinheit (Generalprävention).

a) TOA und Schuldvergeltung

Dass ein TOA die bei der Strafzumessung zu berücksichtigende **Schuld verringert**, so dass die Vergeltungsstrafe entsprechend gemildert werden

---

[45] S. *Trenczek,* in: ders. u. a. (Hrsg.), S. 582 mit Fn. 3, der darauf hinweist, dass die frühere Zusatzbezeichnung „außergerichtlich“ mittlerweile nicht mehr verwendet wird, um auf die Möglichkeit eines Ausgleichs im Rahmen des gerichtlichen Verfahrens aufmerksam zu machen.

[46] Beispielsweise in § 46a StGB, s. dazu unten III. 1. d).

[47] S. genauer unten III. 1.

[48] Dazu auch *Meier,* S. 355 ff.

[49] S. den Überblick bei *Roxin,* Strafrecht AT, Band I, § 3 Rn. 1 ff.

kann, wird oft angenommen.[50] Das ist allerdings begründungsbedürftig. Denn man könnte argumentieren, dass das Ausmaß der Schuld mit der Beendigung der Tat feststeht und durch nachträgliche Ereignisse nicht mehr beeinflusst werden kann. Wenig überzeugend ist es, darauf abzustellen, ob die spätere Wiedergutmachungshandlung des Täters zumindest Rückschlüsse auf seine Gesinnung schon zum Tatzeitpunkt zulässt. Diese sogenannte **„Indizkonstruktion"**[51] ist eine letztlich überflüssige, aber auch inhaltlich nicht sachgerechte Hilfskonstruktion. Denn erstens sollte man das Element der „Gesinnung" (die für den vom Strafrecht bezweckten Rechtsgüterschutz nicht relevant wird) richtigerweise bei der Begründung und Bemessung der Strafe nicht zu hoch veranschlagen. Zweitens wird eine Wiedergutmachungsleistung des Täters aus der Sicht der Allgemeinheit wie auch des konkreten Geschädigten nicht dadurch entwertet, dass der Täter sich erst später (dann aber glaubhaft) eines Besseren besonnen hat, zum Zeitpunkt der Tat aber noch nicht an Reue und Wiedergutmachung dachte.

Letztlich zeigt sich hier das generelle Problem, dass die „Schuldrelevanz" bestimmter Umstände oft bloßen Behauptungscharakter hat, da es alles andere als unumstritten ist, was strafrechtliche Schuld eigentlich bedeutet und wie sie „ausgeglichen" werden kann. Hinzu kommen (auch verfassungsrechtlich begründete) Zweifel, ob man eine gravierende staatliche Maßnahme wie die Strafe wirklich auf eine rein metaphysische Zielsetzung wie Schuldausgleich und Vergeltung stützen kann.[52] Entscheidend dürfte eher sein, dass durch die Wiedergutmachungsleistung des Täters das Bedürfnis nach Wiederherstellung des Rechtsfriedens durch Strafe verringert oder in Einzelfällen sogar beseitigt wird. Das kann man als Reduzierung der „Strafzumessungsschuld" im weiten Sinn bezeichnen[53], auch wenn dieser Ansatz an sich eher der positiven Generalprävention[54] zuzuordnen ist. Jedenfalls lässt sich auf diese Weise plausibel machen, warum der Strafzumessungskatalog in **§ 46 II StGB** einen deutlichen Hinweis auf die Relevanz des Verhaltens des Täters nach der Tat enthält, was durch die Sonderregelung in § 46a StGB für den Bereich des TOA noch unterstrichen wird. Der Strafzweck der Vergeltung bzw. des Schuldausgleichs ist daher im Ergebnis mit

---

[50] S. nur *Stein* NStZ 2000, 393 ff. Weitere Nachweise bei *Streng,* Strafrechtliche Sanktionen, Rn. 577.

[51] Nachweise bei *Streng,* Strafrechtliche Sanktionen, Rn. 572 sowie *Kaspar,* Wiedergutmachung und Mediation im Strafrecht, S. 89 ff.

[52] S. *Kaspar,* in: Koch/Rossi (Hrsg.), Gerechtigkeitsfragen in Gesellschaft und Wirtschaft, 2013, S. 103 ff.

[53] *Schöch,* in Festschrift für Rissing-van Saan, 2011, S. 643. Weitere Nachweise bei *Streng,* Strafrechtliche Sanktionen, Rn. 577.

[54] Beide Aspekte erwähnt *Streng,* Strafrechtliche Sanktionen, Rn. 577. Zur Generalprävention s. sogleich unten b).

einem auf den TOA gestützten zumindest teilweisen Verzicht auf Strafe vereinbar.

b) TOA und Generalprävention

Der Strafzweck der Generalprävention enthält als negative Komponente die Idee, dass die Allgemeinheit durch die Strafe von der Tatbegehung abgeschreckt wird. Die **positive Generalprävention** meint dagegen die Bestätigung des Normvertrauens und die Wiederherstellung des durch die Tat erschütterten Rechtsfriedens.[55] Dass der TOA mit dem letztgenannten Punkt hervorragend vereinbar ist, wurde eben schon angedeutet. Empirische Studien belegen, dass die Bevölkerung dem TOA einen hohen Stellenwert einräumt und dass sie bereit ist, Strafmilderungen oder sogar den Verzicht auf Strafe nach einem durchgeführten TOA zu akzeptieren.[56] Hier lässt sich auch bruchlos die Perspektive des Opfers der Straftat integrieren: Wenn der oder die Betroffene aufgrund der Bemühungen des Täters die Sache vollständig oder auch nur teilweise als erledigt ansieht, wird diese individuelle Wiederherstellung des Rechtsfriedens in der Regel auch das Reaktionsbedürfnis der Allgemeinheit verringern.[57]

Was die **negative Generalprävention** angeht, wurden von manchen Autoren Bedenken geäußert, dass der TOA die Abschreckungswirkung der Strafe deutlich schwächen könne.[58] Insbesondere die Einführung von § 46a StGB im Jahre 1994 wurde unter diesem Gesichtspunkt kritisiert: Die Aussicht auf eine substanzielle Strafmilderung durch bloße Wiedergutmachungsleistungen (etwa nach einem Diebstahl) könne potenzielle Täter zur Tatbegehung motivieren; hier werde, wie *Hirsch* so pointiert wie polemisch formuliert hat, „Generalinvitation" statt Generalprävention betrieben.[59] Dieser Einwand war schon damals nicht berechtigt und kann aus heutiger Sicht endgültig als erledigt gelten. Die empirische Generalpräventionsforschung hat keinerlei Belege dafür erbracht, dass gerade die Höhe der Strafe ein entscheidender Faktor für die Abschreckungswirkung der Strafe ist – hier scheint vielmehr die Einschätzung der Entdeckungswahrscheinlichkeit eine Rolle zu spielen, die durch die Möglichkeit des TOA nicht beeinflusst wird.[60] Auch ist nicht zutreffend, dass der TOA dem Täter nicht mehr als bloß zivilrechtlich ohnehin geschuldete Wiedergutmachung abverlangt, wie

---

[55] S. dazu *Roxin*, Strafrecht AT, Band I, 2006 § 3 Rn. 26 ff.

[56] S. vor allem *Sessar*, Wiedergutmachen oder Strafen, 1992.

[57] S. nur *Hassemer*, S. 78; ausführlich *Kaspar*, Wiedergutmachung und Mediation im Strafrecht, S. 63 ff.

[58] S. vor allem *Loos* ZRP 1993, 53 f.; *Lampe* GA 1993, 491 f.; *Hirsch* ZStW 102 (1990), 546.

[59] *Hirsch* ZStW 102 (1990), 546.

[60] S. nur *Schöch*, in Festschrift für Jescheck, Band 2, 1985, S. 1081 ff.; *Dölling* ZStW 102 (1990), 1 ff.

vor allem die Analyse von § 46a StGB noch genauer zeigen wird.[61] Dass der TOA kein allzu bequemer Weg für den Täter ist, hat vermutlich mit dazu beigetragen, dass der von den Kritikern befürchtete „Run" auf § 46a StGB ausgeblieben ist und sich die Anwendungshäufigkeit der Norm (wie auch des TOA im Allgemeinen) nach wie vor in einem vergleichsweise überschaubaren Rahmen hält.[62]

Zusammenfassend kann man also sagen, dass TOA zur positiv-generalpräventiven Wirkung der Strafe beitragen kann und deren negativ-generalpräventive Abschreckungswirkung realistischer Weise zumindest nicht beeinträchtigt. Insofern sind der TOA und eine darauf gestützte Strafmilderung oder sogar ein Absehen von Strafe mit dem generalpräventiven Strafzweck vereinbar.[63]

c) TOA und Spezialprävention

Innerhalb des Strafzwecks der Spezialprävention werden klassischerweise drei Zielsetzungen unterschieden[64]: die Sicherung, die Besserung bzw. Resozialisierung sowie die Abschreckung des Täters.

Den **Sicherungseffekt** kann der TOA offensichtlich nicht fördern, aber das gilt auch für die ambulanten Sanktionen wie die Geldstrafe. Zu einer denkbaren Beeinträchtigung des Sicherungszwecks kommt es allenfalls, wenn aufgrund des TOA eine kürzere (nicht zur Bewährung ausgesetzte) Freiheitsstrafe verhängt wird oder ganz auf eine Vollzugsstrafe verzichtet wird. Das ist aber kein Gegenargument, da der Sicherungszweck zwar auf der Vollzugsebene eine Rolle spielt, aber kein primärer Zweck bei der Anordnung der Freiheitsstrafe ist. Hinzu kommt, dass die bisherigen Forschungsergebnisse nahelegen, dass die Durchführung des TOA einen positiven Effekt im Sinne der **Resozialisierung** bewirkt[65], was dann einen Sicherungsbedarf entsprechend verringert oder aufhebt. Das könnte ein Hinweis darauf sein, dass die Konfrontation mit dem Opfer und dessen Leid im Rahmen eines TOA tatsächlich geeignet ist, bei einigen Tätern einen intensiveren Lern- und Denkprozess auszulösen, als dies im Rahmen der üblichen formellen strafjustiziellen Erledigung geschieht.[66] Das beschränkt sich wohlgemerkt nicht auf den Bereich des Jugendstrafrechts, auch wenn bei den dort betroffenen jugendlichen Tätern eine positive (in diesem Fall: erzieherische) Wirkung besonders nahe liegt.

---

[61] Vgl. *Streng,* Strafrechtliche Sanktionen, Rn. 583; zu § 46a StGB s. unten III. 1. d) dd) (3).

[62] S. dazu unten C. I. 2.

[63] Vgl. *Götting,* S. 15 ff.

[64] S. *Roxin,* Strafrecht AT, Band I, § 3 Rn. 12.

[65] S. dazu unten C. I. 1. b).

[66] *Kaspar,* Wiedergutmachung und Mediation im Strafrecht, S. 13 ff. mwN.

Was die individuelle **Abschreckungswirkung** angeht, bestehen auch hier keine Bedenken. Es gibt keinerlei Hinweis darauf, dass die nach einem TOA gemilderte Strafe ihre Abschreckungswirkung verfehlen und entsprechend mehr Rückfälle produzieren würde.

Somit ist der TOA nach allem mit der spezialpräventiven Zielsetzung der Strafe ohne weiteres vereinbar und kann auch in dieser Hinsicht überzeugend als Grundlage einer Strafmilderung oder eines Absehens von Strafe herangezogen werden.

2. Wiedergutmachung als eigenständige Zielsetzung des Strafrechts?

Teilweise wird vorgeschlagen, die Wiedergutmachung als neue und eigenständige **Zielsetzung des Strafrechts** zu formulieren.[67] Das dahinterstehende Anliegen, den Wiedergutmachungsgedanken im Strafrecht voranzubringen[68], verdient volle Unterstützung. Die strikte Trennung von Zivil- und Strafrecht und die Ausblendung des Opfers und seines Leids im Rahmen der strafrechtlichen Aufarbeitung der Tat sind eindeutig überholt.

Dennoch besteht für die Formulierung eines ganz neuen Zwecks des Strafrechts richtigerweise **kein Bedürfnis**.[69] Denn die Wiederherstellung des individuellen Rechtsfriedens durch einen TOA lässt sich, wie oben angedeutet wurde, in das bestehende System der Strafzwecke gut integrieren. Insbesondere der Strafzweck der positiven Generalprävention legt es nahe, die Perspektive des Geschädigten mit zu berücksichtigen, dessen Vertrauen in die Rechtsordnung regelmäßig am nachhaltigsten erschüttert sein wird.

III. Rechtliche Grundlagen

1. Allgemeines Strafrecht

a) TOA und Diversion

In Fällen von leichter bis mittelschwerer Delinquenz kommt dem TOA zunächst eine Bedeutung im Rahmen der sogenannten **„Diversion“** zu. Damit ist gemeint, dass der Täter nicht mit einer formellen strafrechtlichen Sanktion belegt wird. Das Verfahren wird hier vielmehr durch eine Einstel-

---

[67] Vgl. etwa *Rössner,* in: Marks/Rössner (Hrsg.), Täter-Opfer-Ausgleich, S. 40; *Bannenberg,* S. 70 f.

[68] *Rössner,* in: Marks/Rössner (Hrsg.), Täter-Opfer-Ausgleich, S. 35 f.

[69] *Roxin,* in: Schöch (Hrsg.), Wiedergutmachung im Strafrecht, S. 46; *Kaspar,* Wiedergutmachung und Mediation im Strafrecht, S. 70 f.

lung informell erledigt, in der Regel bereits durch die Staatsanwaltschaft. Das erspart dem Täter die Belastung durch Hauptverhandlung und Bestrafung und schont nebenbei die Ressourcen der Strafjustiz. Geregelt ist die Diversion im allgemeinen Strafrecht[70] in den §§ 153 ff. StPO.

aa) § 153 StPO

Die mildeste Variante ist die völlig folgenlose Einstellung gem. **§ 153 StPO**. Sie kommt nur bei **Vergehen** in Betracht, also minderschweren Delikten, die nicht mit mindestens einem Jahr Freiheitsstrafe bedroht sind (s. § 12 StGB). Weiterhin muss es sich um eine Tat mit **geringer Schuld** handeln und es darf **kein entgegenstehendes öffentliches Interesse** an der Strafverfolgung bestehen. Je nach Schwere der Tat und prozessualer Situation ist darüber hinaus die Zustimmung des Gerichts (§ 153 I 1 StPO), der Staatsanwaltschaft (§ 153 II 1 StPO) und des Angeschuldigten (§ 153 II 1 StPO) erforderlich.

Bei der Frage der „geringen Schuld" sowie dem damit eng verwandten[71] Aspekt des „öffentlichen Interesses" können alle für die Strafzumessung relevanten Umstände herangezogen werden, also auch das **positive Nachtatverhalten** des Täters in Form von Wiedergutmachungsbemühungen.[72] Dass diese geeignet sind, die Tatschuld zu verringern, ergibt sich u. a. aus § 46 II StGB und § 153a StPO. Hat der Täter einer nur geringfügigen Straftat also die Folgen seiner Tat durch TOA im engen Sinne oder Schadenswiedergutmachung bereits wiedergutgemacht, kann die Staatsanwaltschaft (bzw. im Falle von § 153 II StPO das Gericht) gerade darauf eine Einstellung des Verfahrens stützen.[73]

bb) § 153a StPO

Die Einstellung des Verfahrens gem. **§ 153a StPO** erfolgt in **zwei Stufen.**[74]

Nach **Abs. 1** kann die Staatsanwaltschaft im ersten Schritt (mit Zustimmung des Gerichts und des Beschuldigten) **vorläufig von der Klageerhebung absehen** und dem Beschuldigten **Auflagen und Weisungen** erteilen. Diese müssen geeignet sein, das **öffentliche Interesse an der Strafverfolgung zu beseitigen**; auch darf die **Schwere der Schuld nicht entgegenstehen**. § 153a I 2 StPO enthält einen (nicht abschlie-ßenden) Katalog möglicher Auflagen oder Weisungen. Dort findet sich die oben beschriebene Unterscheidung von **TOA im engen Sinn (§ 153a I 2 StPO)** und **Schadenswiedergutmachung (§ 153a I 2 Nr. 5 StPO).** Bei letzterer ist der zu

---

[70] Zum Jugendstrafrecht s. unten 2.
[71] Vgl. SK-StPO/*Weßlau*, § 153 Rn. 19 f.
[72] Vgl. nur LR/*Beulke*, StPO, § 153 Rn. 27; SK-StPO/*Weßlau*, § 153 Rn. 17.
[73] *Kaspar,* Wiedergutmachung und Mediation im Strafrecht, S. 84.
[74] Vgl. *Schäfer/Sander/van Gemmeren,* Rn. 61 ff.

bezahlende Geldbetrag am **zivilrechtlich Geschuldeten** zu orientieren und vorab genau zu beziffern.[75]

Hat der Beschuldigte die Auflagen oder Weisungen erfüllt, erfolgt im zweiten Schritt die **Einstellung des Verfahrens**. Diese erwächst gem. § 153a I 5 StPO zumindest in gewissem Umfang in **Rechtskraft:** Als Vergehen darf die Tat nicht mehr verfolgt werden; nur wenn sich neue Tatsachen ergeben, die zu einer Einstufung als Verbrechen führen, ist eine erneute Strafverfolgung möglich.

Ist die Klage bereits erhoben, kann das Gericht nach § 153a II StPO in entsprechender Weise verfahren.

cc) § 153b StPO

§ 46a StGB sieht als zentrale Wiedergutmachungsnorm im allgemeinen Strafrecht in weniger schweren Fällen bis zur Grenze einer verwirkten Freiheitsstrafe von einem Jahr als mögliche Rechtsfolge auch das **Absehen von Strafe** vor. Liegen die Voraussetzungen dieses Absehens von Strafe vor, kann gem. § 153b I StPO bereits die Staatsanwaltschaft mit Zustimmung des Gerichts, das für die Hauptverhandlung zuständig wäre, das Verfahren einstellen. Ist bereits Anklage erhoben, kann das Gericht mit Zustimmung der Staatsanwaltschaft und des Angeschuldigten bis zum Beginn der Hauptverhandlung ebenso verfahren.

Aus prozessökonomischen Gründen ist diese Vorgehensweise sinnvoll. Sie kommt, da nicht auf Vergehen und Fälle von geringer bzw. mittelschwerer Schuld beschränkt, auch dann in Betracht, wenn eine Einstellung gem. §§ 153, 153a StPO nicht mehr möglich wäre. Liegen die Voraussetzungen des § 153b StPO vor, sollte man vorrangig diesen Weg wählen, da er zwar eine Zustimmung des Gerichts erfordert, zugleich aber eine Prüfung des „öffentlichen Interesses" entbehrlich macht.[76] **Praktisch relevant** wird diese Einstellungsform allerdings nach den bisherigen Erfahrungen **kaum**.[77] Das dürfte daran liegen, dass nach wie vor die Mehrzahl der TOA-Ausgleichsverfahren nicht aufgrund eigener Initiative von Täter oder Opfer zustande kommen, sondern von Seiten der Staatsanwaltschaft initiiert werden. Hier bietet sich die zweistufige Vorgehensweise gem. § 153a StPO an, zumal nur hier für den Täter eine gewisse Erwartungssicherheit besteht, dass seine Bemühungen nachträglich auch tatsächlich als Grund für eine mögliche Verfahrenseinstellung herangezogen werden.[78]

---

[75] SK-StPO/*Weßlau*, § 153a Rn. 40.

[76] LR/*Beulke*, StPO, § 153b Rn. 8; a. A. SSW/*Ziegler/Vordermayer*, StPO, § 155a Rn. 2.

[77] Vgl. nur *Kaspar*, Wiedergutmachung und Mediation im Strafrecht, S. 250 f.

[78] Vgl. SK-StPO/*Weßlau*, § 153a Rn. 48.

b) TOA und Verwarnung mit Strafvorbehalt

Eine besonders milde Sanktionsform ist die in **§§ 59 ff. StGB** geregelte **Verwarnung mit Strafvorbehalt.**[79] Hier wird neben dem Schuldspruch lediglich eine Verwarnung ausgesprochen; die Strafe bleibt während der Dauer einer vom Richter festzusetzenden Bewährungszeit zunächst nur vorbehalten. Das ist gem. **§ 59 I StGB** möglich, wenn der Täter lediglich eine Geldstrafe von bis zu 180 Tagessätzen verwirkt hat, eine günstige Legalprognose gestellt werden kann, „besondere Umstände" in der Tat oder der Persönlichkeit des Täters liegen, die eine Strafe entbehrlich machen können und schließlich die „Verteidigung der Rechtsordnung" als generalpräventiver Aspekt die Vollstreckung nicht gebietet. Letztlich ist es also eine Kumulation von Schuld-, spezialpräventiven und generalpräventiven Aspekten, die hier ausschlaggebend ist.

Der TOA kann im Rahmen von §§ 59 ff. in **zweifacher Weise relevant** werden, einerseits auf der Seite der Voraussetzungen, andererseits auf der Seite der Rechtsfolgen.[80] Wurde er bereits vor dem Urteil durchgeführt, kann er zu einer milderen Bewertung der Strafzumessungsschuld sowie der spezial- und generalpräventiven Strafbedürfnisse führen und auf diese Weise mit dazu beitragen, dass die **Voraussetzungen der Verwarnung mit Strafvorbehalt** bejaht werden können. Liegen die Voraussetzungen des § 59 StGB vor, ohne, dass bislang Wiedergutmachungsbemühungen unternommen wurden, so kann der Richter TOA im engen Sinne oder Schadenswiedergutmachung zum Inhalt einer **Weisung bzw. Auflage** machen **(§ 59a I Nr. 1 StGB).**

c) TOA und allgemeine Strafzumessung (§ 46 StGB)

Wiedergutmachungsbemühungen des Täters sind vom Richter im Rahmen der allgemeinen **Strafzumessungserwägungen** gem. § 46 II StGB zu Gunsten des Täters strafmildernd zu berücksichtigen. Die Wiedergutmachung ist dort zwar nicht explizit genannt. Sie ist aber ein wichtiges Beispiel für das im Katalog der Strafzumessungsaspekte genannte **„Nachtatverhalten"** des Täters, das sich positiv auf die in § 46 I 1 StGB genannte Strafzumessungsschuld auswirken kann. Nicht zulässig ist dagegen nach allgemeinen Grundsätzen eine Strafschärfung wegen **unterlassener Wiedergutmachung**, da das bloße Fehlen eines Milderungsgrundes nicht zu Lasten des Täters gewertet werden darf.[81]

Aus der Perspektive des Täters ist eine Berücksichtigung des TOA im Rahmen der allgemeinen Strafzumessung zwar „besser als nichts", allerdings

---

[79] S. nur *Schäfer/Sander/van Gemmeren,* Rn. 88 ff.

[80] Zur vergleichbaren Doppelrelevanz im Rahmen der Aussetzungsentscheidung s. unten 3.

[81] *Schäfer/Sander/van Gemmeren,* Rn. 674 m. Nachweisen aus der Rspr.

in ihrem Ausmaß schwer vorhersehbar. Auch vor diesem Hintergrund hat sich der Gesetzgeber zur Einführung der speziellen und weitergehenden Norm des § 46a StGB entschlossen. Dieser beinhaltet u. a. die Möglichkeit einer Milderung des gesetzlichen Strafrahmens. Da die Bestimmung des Strafrahmens vor der konkreten Strafzumessungsentscheidung steht, sind die **Voraussetzungen von § 46a StGB** zwingend **vorrangig** zu prüfen, bevor auf die allgemeinen Strafzumessungserwägungen zurückgegriffen wird.

Kommt § 46a StGB als sog. vertypter Milderungsgrund wegen der Wiedergutmachungsbemühungen des Täters zur Anwendung, ist dieser Umstand für die konkrete Strafzumessung verbraucht und darf dort nicht nochmals zu Gunsten des Täters in Ansatz gebracht werden (sog. **Doppelverwertungsverbot**, s. **§ 46 III StGB**). Nicht ausgeschlossen ist es dagegen, besondere Ausprägungen des mildernden Umstandes (z. B. sehr frühzeitige und intensive Ausgleichsbemühungen des Täters) in die Strafzumessung einfließen zu lassen.[82]

d) § 46a StGB

Die wichtigste Vorschrift, die den Wiedergutmachungsgedanken im Allgemeinen Strafrecht regelt, ist **§ 46a StGB**. Die Norm wurde 1994 im Rahmen des Verbrechensbekämpfungsgesetzes ins StGB aufgenommen.[83] Vorausgegangen waren die Beratungen auf dem Juristentag 1992 auf der Grundlage des Gutachtens von *Schöch*[84] sowie der Alternativentwurf Wiedergutmachung.[85]

Der Gesetzgeber[86] verfolgte mit der Einführung der Norm ausdrücklich das Ziel, die Wiedergutmachung bzw. den TOA im allgemeinen Strafrecht zu stärken. Er gab damit zu erkennen, wie wichtig ihm die Interessen der Tatopfer gerade auch im Hinblick auf die Wiedergutmachung ihrer materiellen und immateriellen Schäden sind. Gleichzeitig zeigte er mit der Einführung von § 46a StGB, dass die **Anreizfunktion** für die Täter allein durch eine Berücksichtigung im Rahmen der allgemeinen Strafzumessung gem. § 46 StGB als nicht ausreichend erachtet wurde.

§ 46a StGB enthält die bereits oben erläuterte Unterscheidung der beiden Wiedergutmachungsformen des TOA im engen Sinne (Nr. 1) und der Schadenswiedergutmachung (Nr. 2). Im Hinblick auf beide Alternativen haben sich im Laufe der Zeit einige Fragen und Auslegungsprobleme erge-

---

[82] *Schäfer/Sander/van Gemmeren,* Rn. 702. S. zur Doppelverwertungsproblematik im Rahmen von § 46a StGB auch unten d) ee) (1).

[83] S. BT-Drs. 12/6853.

[84] *Schöch,* Gutachten zum 59. Juristentag, 1992.

[85] *Baumann u. a.* (Hrsg.), Alternativ-Entwurf Wiedergutmachung, 1992.

[86] Zum Folgenden s. BT-Drs. 12/6853, 21 f.

ben, die im Folgenden überblicksartig dargestellt werden.[87] Zuvor ist auf die ganz grundlegende Frage der Abgrenzung der beiden in Nr. 1 und Nr. 2 genannten Wiedergutmachungsalternativen einzugehen sowie auf das schwierige Problem, was geschieht, wenn das Opfer jegliche Mitwirkung am TOA verweigert.

aa) Abgrenzung von TOA und Schadenswiedergutmachung

Wie man eine sinnvolle **Abgrenzung** zwischen den in § 46a StGB genannten Alternativen, also dem TOA im engen Sinn und Schadenswiedergutmachung, vornehmen kann, ist eine bis heute umstrittene Frage bei der Anwendung der Norm.

Die **Rechtsprechung** vertritt eine Abgrenzung anhand der **eingetretenen Schäden.** Der TOA nach § 46a Nr. 1 StGB komme vor allem bei Delikten mit immateriellen Schäden in Betracht, sei aber auch bei Vermögensdelikten mit entsprechendem materiellen Schaden nicht von vornherein ausgeschlossen.[88] Dagegen sei die Schadenswiedergutmachung nach § 46a Nr. 2 StGB bei Gewalt- und Sexualdelikten nicht denkbar, sondern vielmehr bei Delikten mit materiellem Schaden anwendbar.[89]

Diese Unterscheidung ist nicht sachgerecht und schränkt den Anwendungsbereich insbesondere von § 46a Nr. 2 StGB zu sehr ein. Es ist zwar richtig, dass auch bei **Eigentums- und Vermögensdelikten** ein **TOA** sinnvoll sein kann, denn oft lassen sich solche Delikte, wie etwa das Beispiel des Wohnungseinbruchsdiebstahls zeigt, nicht auf eine rein materielle Komponente reduzieren. Hier kann eine persönliche Betroffenheit der Opfer in Rede stehen, die im Rahmen eines auch auf persönliche Konflikterledigung abzielenden TOA nach Nr. 1 durchaus thematisiert werden kann.

Nicht überzeugend ist dagegen der vollständige Ausschluss von **Gewalt- und Sexualdelikten** aus dem Anwendungsbereich von **§ 46a Nr. 2 StGB.**[90] Gerade hier, wo schwere Tatfolgen im Raum stehen, kann es aus Sicht der betroffenen Opfer völlig nachvollziehbar sein, dass sie eine persönliche Konfliktbereinigung bzw. Tataufarbeitung etwa durch direkten Kontakt mit dem Täter nicht wünschen, gleichzeitig aber ein großes Interesse am Ersatz ihrer materiellen und auch immateriellen Schäden (Schmerzensgeld) haben. Es ist nicht zu sehen, warum die Anreizfunktion des § 46a StGB in diesen Konstellationen nicht auch auf die Variante der Schadenswiedergutmachung in Nr. 2 erstreckt werden sollte. Dass eine so schwere Tat wie beispielsweise eine Vergewaltigung mit Geld nicht einfach

---

[87] *Kaspar,* Wiedergutmachung und Mediation im Strafrecht, S. 98 ff.

[88] BGH bei *Detter* NStZ 2013, 390.

[89] BGH NStZ 1995, 492. S. aber auch BGH NJW 2001, 2557, wo diese Abgrenzung zumindest in Frage gestellt wird.

[90] *Kaspar* StV 2002, 652 ff. mwN.

„aus der Welt geschafft“ werden kann[91], ist nur ein vordergründig zutreffender Einwand. Denn auch ein noch so mustergültiger TOA gem. § 46a Nr. 1 StGB kann dies nicht leisten, auch er macht eine solche Tat mit ihren Folgen nicht ungeschehen, sondern macht sie idealerweise leichter erträglich. Außerdem ist es ja nicht so, dass bei § 46a Nr. 2 StGB allein die Geldzahlung zu einer Strafmilderung oder gar einem Absehen von Strafe für den Täter führen kann. Denn wie sogleich noch erläutert wird, enthält § 46a Nr. 2 StGB mit der erheblichen persönlichen Leistung oder dem erheblichen persönlichen Verzicht eine Komponente, die eine gewisse „Spürbarkeit“ der Sanktion sichert und zugleich den bloßen Freikauf eines wohlhabenden Täters verhindert.

Insofern ist es vorzugswürdig mit der **herrschenden Literatur** nicht auf die Art der eingetretenen Schäden, sondern auf die Art der vom Täter gewählten **Ersatzleistungen** abzustellen.[92] Gerade die **immateriellen Ersatzleistungen** wie eine Entschuldigung oder auch ein Geschenk von Seiten des Täters sind typisch für einen auf persönliche Konfliktbereinigung abzielenden TOA. Auch das persönliche Ausgleichsgespräch selbst, also die direkte Konfrontation von Täter und Opfer, in deren Verlauf das Opfer seine Sicht der Dinge unmittelbar und hautnah schildern kann, kann als ein Teil einer solchen persönlichen Ersatzleistung des Täters angesehen werden. Stehen solche Ausgleichsleistungen im Raum, spricht es für eine Einordnung des gesamten Vorgangs als **TOA** im Sinne von **§ 46a Nr. 1 StGB**. Konzentriert sich der Täter dagegen von vornherein **allein** auf **materielle Ersatzleistungen**, kommt, wie bereits oben dargelegt wurde, allein die **Schadenswiedergutmachung** gem. **§ 46a Nr. 2 StGB** in Betracht.

Relevant wird die Unterscheidung für die Frage, inwiefern die Ausgleichsleistungen des Täters tatsächlich zu einem Erfolg führen müssen. Allein der TOA nach § 46a Nr. 1 StGB lässt ein bloßes **ernsthaftes Erstreben** der Wiedergutmachung ohne eine solche Erfolgskomponente genügen. Insofern lässt sich die Norm mit ihren beiden Alternativen richtigerweise nur so sinnvoll interpretieren, dass immaterielle Ausgleichsleistungen ein Indiz für das Vorliegen eines TOA im Sinne von Nr. 1 sind. Zugleich muss aber auch eine kommunikative und personale Komponente gegeben sein. Das bedeutet, dass die Ausgleichsbemühungen des Täters zumindest auch auf einen **„potenziell persönlichen Kontakt“** gerichtet sein müssen.[93] Der Täter darf also persönliche Ausgleichsleistungen und persönliche Kommunikation (die nicht unbedingt ein Gespräch beinhalten

---

[91] So *Kühl/Heger* NStZ 2002, 363.

[92] *Kilchling* NStZ 1996, 314; *Schöch,* in: Canaris u. a. (Hrsg.), 50 Jahre Bundesgerichtshof, Festgabe aus der Wissenschaft, Band IV, 2000, S. 324; *ders.,* in Festschrift für Rissing-van Saan, 2011, S. 640; *Kaspar,* Wiedergutmachung und Mediation im Strafrecht, S, 99 ff. sowie *Rose* JR 2010, 189 ff.; s. dazu bereits oben I. 2.

[93] S. *Kaspar,* Wiedergutmachung und Mediation im Strafrecht, S. 101 ff.

muss, sondern auch etwa durch einen Brief erfüllt werden kann) nicht von vornherein ausschließen. Der Gesetzgeber in seiner Begründung sowie die Rechtsprechung des Bundesgerichtshofs gehen in eine ähnliche Richtung, wenn ausgeführt wird, dass der Täter „umfassende Ausgleichsbemühungen[94]" entfalten müsse, die auf den „Einbezug des Opfers" gerichtet sind. Gefordert werden Bemühungen um einen **„kommunikativen Prozess"** mit dem Opfer.[95] Die Anforderungen an einen solchen kommunikativen Prozess sind aber nicht ganz klar und werden (gerade wenn man die Abgrenzung zu § 46a Nr. 2 StGB im Blick hat) nicht sonderlich streng gehandhabt. So soll es nach dem BGH in dem Fall einer Vergewaltigung genügen, wenn zwischen Anwälten eine schriftliche Vereinbarung über Schadensersatz und Schmerzensgeld ausgehandelt wurde, ansonsten aber offenbar kein persönlicher Kontakt im Raum stand und auch keine Entschuldigung oder sonstige immaterielle Leistungen eine Rolle gespielt zu haben scheinen. Dennoch wurde hier von der Rechtsprechung ein kommunikativer Prozess bejaht und die Möglichkeit der Anwendung von § 46a Nr. 1 StGB angenommen.[96] Sollte hier tatsächlich keinerlei persönliche und immaterielle Komponente eine Rolle gespielt haben, ist das nach dem bisher Gesagten zweifelhaft.[97]

Bei der **Subsumtion** eines Wiedergutmachungssachverhalts unter die beiden Wiedergutmachungsalternativen in § 46a StGB ist daher folgende **Vorgehensweise** zu empfehlen: Zunächst ist zu prüfen, ob der für den Täter günstige weil weiter formulierte TOA nach § 46a Nr. 1 StGB bejaht werden kann. Hierfür ist darauf abzustellen, ob zumindest auch immaterielle Leistungen des Täters erbracht wurden oder zumindest eingeleitet wurden und ob sich die Ausgleichsbemühungen des Täters auch auf einen „potentiellen persönlichen Kontakt" bezogen haben. Ist dies der Fall, kann von einem TOA nach § 46a Nr. 1 StGB ausgegangen werden. Ob zugleich die Voraussetzungen des § 46a Nr. 2 StGB vorliegen, beurteilt sich danach, ob materielle Ersatzleistungen des Täters zumindest zum überwiegenden Teil erbracht wurden und dies erhebliche persönliche Leistungen oder erheblichen persönlichen Verzicht erforderlich gemacht hat. Ist auch das der Fall, sind die Voraussetzungen beider Varianten des § 46a StGB erfüllt. Ein **Ausschlussverhältnis** besteht hier richtigerweise **nicht**.[98] Vielmehr ist eine kumulative Prüfung möglich und auch sinnvoll, da nach allgemeinen Maßstäben das Vorliegen beider Varianten zumindest auf der Ebene der Ermessensausübung auf Rechtsfolgenseite relevant werden kann. Insofern ist es

---

[94] Vgl. BT-Drs. 12/6853, 21.

[95] S. etwa BGH NStZ 2000, 205.

[96] BGH StV 2002, 649 mit Anm. *Kaspar.*

[97] Vgl. *Hassemer/Reemtsma,* S. 97; s. auch *Michaelis* JA 2005, 831 f.

[98] Vgl. *Schöch,* in: Canaris u. a. (Hrsg.), 50 Jahre Bundesgerichtshof, Festgabe aus der Wissenschaft, Band IV, 2000, S. 319.

auch nicht richtig, wenn vereinzelt von einem Vorrang von § 46a Nr. 1 StGB und einem Nachrang von § 46a Nr. 2 StGB als bloßem „Nebenweg“[99] die Rede ist. Denn beide Alternativen werden vom Gesetzgeber neutral als „Fallgruppen“ bezeichnet.[100]

bb) Verweigerung der Mitwirkung durch das Opfer

Wie zu verfahren ist, wenn das Opfer seine Mitwirkung am TOA (wie es sein gutes Recht ist) verweigert, ist ein zentrales und bis heute nicht ganz befriedigend gelöstes Problem. Es geht im Kern um die Frage, ob es das Opfer vollständig oder zumindest weitgehend in der Hand hat, die Möglichkeit der Strafmilderung nach § 46a StGB für den Täter zu verhindern.

Bei der **Schadenswiedergutmachung gem. § 46a Nr.2 StGB** stellt sich das Problem weniger, obwohl diese Variante einen zumindest überwiegend eingetretenen Entschädigungserfolg voraussetzt. Denn selbst für den Fall, dass das Opfer jegliche Zahlungen des Täters zurückweist, kann dieser durch eine **Hinterlegung** des geschuldeten Betrags gem. **§§ 372, 378 BGB** bei Ausschluss der Rücknahme eine Erfüllungswirkung ohne Zutun des Opfers herbeiführen. Mehr ist (vorbehaltlich der weiteren Voraussetzungen) für die prinzipielle Anwendbarkeit von § 46a Nr. 2 StGB nicht zu verlangen.[101]

Problematischer ist der Fall der Mitwirkungsverweigerung beim **TOA im engen Sinn** gem. **§ 46a Nr. 1 StGB**, da die hier erforderlichen kommunikativen und personalen Elemente dem Opfer mehr abverlangen und zugleich in ihrem Wert von einer Beteiligung auch auf Opferseite abzuhängen scheinen. Was nützt ein kommunikativer Prozess, könnte man meinen, wenn auf der anderen Seite niemand zuhört? Insofern ist es verständlich, dass die **Rechtsprechung**[102] hier mit einem Teil der Literatur zu einer eher restriktiven Haltung neigt und davon auszugehen scheint, dass ein recht weitreichendes **„Vetorecht“** des Opfers besteht. So lassen sich Aussagen des BGH interpretieren, die bei einer Verweigerung des Opfers schon die Möglichkeit eines auf umfassenden Ausgleich und auf Friedensstiftung gerichteten kommunikativen Prozesses ausschließen.[103] Dabei steht möglicherweise auch die Überlegung im Raum, dass man das Opfer einer vielleicht sogar schweren Straftat keinerlei (und sei es nur moralischem) Druck aussetzen will, sich im Interesse auch des Täters an einem Ausgleichsverfahren zu beteiligen. Vielmehr wird zu Recht betont, dass eine Teilnahme von Seiten des Opfers stets freiwillig zu erfolgen habe. Schließlich wird als Ar-

---

[99] So *Rössner/Klaus*, in: Dölling u. a. (Hrsg.), Täter-Opfer-Ausgleich in Deutschland, S. 53.

[100] BT-Drs. 12/6853, 21 f.

[101] *Pielsticker*, S. 146; *Kaspar*, Wiedergutmachung und Mediation im Strafrecht, S. 114.

[102] S. den guten Überblick bei *Rose* JR 2004, 275 ff.

[103] BGH NStZ 2002, 646; BGHSt 48, 134 (142).

gument für ein so weitreichendes Vetorecht des Opfers auch auf den Wortlaut des **§ 155a S. 3 StPO** verwiesen. Dieser regelt, dass bei einer Verweigerung des Opfers eine Eignung des Verfahrens für einen TOA nicht angenommen werden kann.

Trotzdem sprechen die besseren Argumente dafür, auch für den Fall der Teilnahmeverweigerung des Opfers die **Anwendbarkeit von § 46a Nr. 1 StGB nicht** von vorneherein zu **verneinen.**[104] Dafür spricht schon der Wortlaut der Norm, der ausdrücklich keinen auch nur teilweisen oder überwiegenden Erfolg des TOA verlangt, sondern ausdrücklich ein „ernsthaftes Erstreben" genügen lässt. In der Gesetzesbegründung[105] geht der Gesetzgeber bei der Erläuterung der Fallgruppe des ernsthaften Erstrebens davon aus, dass gerade auch Fälle der Teilnahmeverweigerung des Opfers unter diese Fallgruppe subsumiert werden können.

Auch die oben vorgenommenen **straftheoretischen Erwägungen** sprechen für diese weite Auslegung der Norm. Letztlich entscheidend ist der **positiv-generalpräventive Aspekt,** also die Frage, ob die Wiedergutmachungsbemühungen des Täters insgesamt das nach der Tat entstandene Reaktionsbedürfnis mildern können. Und das ist eben nicht unmittelbar von der Zustimmung oder Zufriedenheit des Opfers abhängig. Solche Anstrengungen können vielmehr richtigerweise aus der letztlich entscheidenden Perspektive der Allgemeinheit unabhängig hiervon das Strafbedürfnis mildern, auch wenn das nur selten relevant werden dürfte. Beispielsweise wäre an einen Fall zu denken, in dem der Täter proaktiv tätig wird, einen Entschuldigungsbrief schreibt und zudem durch Mehrarbeit Geld verdient und davon ein Geschenk für das Opfer kauft. Wenn diese Bemühungen nun durch eine (in ihrer Legitimität nicht in Frage zu stellende) Verweigerung des Opfers ins Leere laufen, ist dennoch nach hier vertretener Ansicht Raum für die Anerkennung der Bemühungen des Täters nicht nur im Rahmen von § 46a Nr. 2 StGB, sondern auch im Rahmen von § 46a Nr. 1 StGB.

Würde man dem Opfer ein so weitreichendes Vetorecht über die Anwendung von § 46a Nr. 1 StGB einräumen, wäre das ohnehin in straftheoretischer Hinsicht stark erklärungsbedürftig. Denn das würde doch bedeuten, dass man letztlich das **Opfer** über einen nicht unerheblichen Teil der (staatlichen!) Strafe **disponieren** lässt. Eine solche am Opferwillen unmittelbar ausgerichtete Strafzumessung ist dem staatlichen Strafrecht allerdings fremd.[106] Würde man insofern wieder zu einer teilweise vom Opfer direkt bestimmten Strafe zurückkehren wollen, müsste das vom Gesetzgeber klarer geregelt werden, als er dies in § 46a StGB vermeintlich getan hat.

---

[104] Wie hier beispielsweise *Meier*, S. 354.

[105] BT-Drs. 12/6853, 21.

[106] Vgl. nur *Hassemer/Reemtsma*, S. 3 ff.; vgl. auch *Bosch*, in Festschrift für Otto, 2007, S. 859.

Richtigerweise spricht auch der oben erwähnte **§ 155a S. 3 StPO** nicht gegen diese Auslegung.[107] Denn man muss die Norm in ihrem systematischen Kontext verstehen. § 155a S. 1 und S. 2 StPO normieren nämlich eine Pflicht der Staatsanwaltschaft, in allen Verfahrensstadien auf einen TOA hinzuwirken. Der Sinn und Zweck der Norm ist also gerade die Ausdehnung des Anwendungsbereichs des TOA und nicht dessen Einengung. Wenn nun in S. 3 die Eignung eines Verfahrens zum TOA in den Fällen der Teilnahmeverweigerung des Opfers verneint wird, bezieht sich das ersichtlich auf die Sätze davor. Das bedeutet, dass in solchen Fällen (richtigerweise) die Staatsanwaltschaft mit ihrer höheren Autorität als staatliche Behörde nicht das die Teilnahme verweigernde Opfer bedrängen soll. Dem Täter ist es dagegen unbenommen, auch im Fall einer solchen, ihm ja möglicherweise noch gar nicht bekannten, Verweigerungshaltung des Opfers entsprechende Wiedergutmachungsbemühungen zu entfalten. Das wird nur im Ausnahmefall in seiner Erheblichkeit ausreichen, um die weitreichende Rechtsfolge des § 46a StGB zu rechtfertigen. Diesen Bedenken kann aber im Rahmen der **Ermessensausübung** des Richters Rechnung getragen werden; eine Einschränkung bereits der tatbestandlichen Voraussetzung von § 46a Nr. 1 StGB bedarf es demgegenüber nicht.

Für das hier vertretene weite Verständnis spricht schließlich auch, dass man sich auf diese Weise die von der herrschenden Meinung teilweise vorgeschlagene Differenzierung der Anwendungsmöglichkeit je nach Bewertung des **Verweigerungsmotivs** seitens des Opfers erspart.[108] Dabei soll es um eine an sich bestehende „Zumutbarkeit" der Teilnahme gehen[109], teilweise wird auf eine „rechtliche Missbilligung" der Teilnahmeverweigerung abgestellt.[110] Dabei dürften die Verweigerungsmotive seitens des Opfers individuell sehr unterschiedlich ausfallen, so dass sich eine generalisierende wertende Betrachtung als schwierig erweist. Auch sind die weiteren Folgen zu bedenken: Würde man solche Kriterien einführen, wäre die stets anzuerkennende Freiwilligkeit von Seiten des Opfers in Gefahr[111]; zugleich würde man entsprechende kritische Nachfragen von Seiten der Verteidigung geradezu provozieren. Nicht zu unterschätzen ist wohl auch der Aspekt, dass auf diese Weise vermieden wird, dass das Opfer eine auch für den Täter dann sehr greifbare und sichtbare Mitverantwortung hätte für eine deutlich höhere Strafe, was zumindest in einzelnen Konstellationen die Gefahr von gezielten Racheakten gegen das Opfer heraufbeschwören könnte.

---

[107] Vgl. *Kaspar* JR 2003, 428; zust. *Rose* JR 2004, 280.

[108] Überblick bei *Rose* JR 2004, 278 ff.

[109] So *Streng*, Strafrechtliche Sanktionen, Rn. 584 mwN.

[110] *Loos*, in Festschrift für Hirsch, 1999, S. 864; s. auch *Schädler* NStZ 2005, 369 ff.

[111] Dass hier noch Verbesserungsbedarf besteht, zeigt eine empirische Studie, nach der immerhin ein Viertel der Geschädigten angab, sich zur Teilnahme am TOA gedrängt gefühlt zu haben, vgl. *Kunz* MSchKrim 2007, 481.

cc) TOA (§ 46a Nr. 1 StGB)

(1) Deliktsbereich

Eine **Einschränkung** des relevanten Deliktsbereichs ist in § 46a Nr. 1 StGB **nicht vorgesehen**. Die Durchführung eines TOA ist daher unabhängig von der Art des verletzten Rechtsguts oder der Schwere des Delikts grundsätzlich möglich. Weder ist es so, dass ein TOA „in erster Linie" bei Vermögensdelikten denkbar sei[112], noch ist es so, dass es hier gerade auf die Entstehung eines mit materiellen Leistungen ausgleichbaren Schadens ankommt. Denn auch Delikte wie etwa eine Beleidigung, die eher als Verletzung eines höchst persönlichen Rechtsguts anzusehen ist, kommen für einen TOA in Betracht. Auch **schwere Delikte** einschließlich von Gewalttaten sind richtigerweise nicht aus dem Anwendungsbereich der Norm ausgenommen. Die in der Literatur ursprünglich zum Teil vertretene Ansicht, wonach eine Anwendung hier „kaum vorstellbar" sei[113], hat sich zu Recht nicht durchgesetzt. Denn auch in diesen Konstellationen erscheint je nach Beziehung der Beteiligten und dem der Tat zugrunde liegenden persönlichen Konflikt eine zumindest partielle Wiederherstellung des Rechtsfriedens durch einen TOA möglich. Hier wie auch sonst ist strikt auf die freiwillige Teilnahme des Opfers und eine Rücksichtnahme auf dessen Bedürfnisse zu achten.

Sehr umstritten ist der Einbezug **juristischer Personen** als **Geschädigte** in einen Täter-Opfer-Ausgleich. Der Wortlaut des § 46a Nr. 1 StGB ist in dieser Hinsicht nicht eindeutig. Zwar ist im Gesetz vom Verletzten die Rede, allerdings ergibt sich aus der gesamten Systematik des Gesetzes, dass die Begriffe Verletzter und Opfer wohl synonym verwendet werden. Es ist begrifflich zumindest denkbar, beispielsweise bei einem Vermögensdelikt von einem geschädigten Unternehmen als dem „Verletzten" der Tat zu sprechen, so wie man hier auch unproblematisch eine Bezeichnung als Opfer wählen kann. Dennoch erscheint ein genereller Einbezug geschädigter juristischer Personen in den Anwendungsbereich des § 46a Nr. 1 StGB nicht sachgerecht. Denn gerade in Abgrenzung zu § 46a Nr. 2 StGB ist hier das Element der persönlichen Verantwortungsübernahme und der persönlichen Konfliktbereinigung ausschlaggebend. Es geht hier eben nicht nur darum, dass der Täter durch positives Nachtatverhalten spezial- und generalpräventive Bedürfnisse verringert oder beseitigt. Vielmehr geht es gerade bei einem TOA im engen Sinn um einen kommunikativen Prozess, der zur Konfliktlösung mit dem Opfer beitragen soll. Und diese Zielsetzung ist bei vielen Delikten, die sich gegen eine juristische Person richten, nicht

[112] So SK-StGB/*Horn/Wolters*, § 46a Rn. 3, die aber sogleich im Anschluss auch die Möglichkeit des Ausgleichs immaterieller Schäden erwähnen, was gegen ein Art Regel-Ausnahme-Prinzip spricht.

[113] So noch *Dreher/Tröndle*, StGB, § 46a Rn. 2.

einschlägig. Beispielsweise wird bei einem Vermögensdelikt, das sich gegen ein großes Unternehmen richtet, **keine persönliche Betroffenheit auf Opferseite** vorliegen, deren Bereinigung durch einen TOA sinnvoll wäre. Man wird hier richtigerweise also danach differenzieren müssen, ob persönliche Ausgleichsleistungen, die typisch für einen TOA sind, im konkreten Fall als sachgerecht und sinnvoll erscheinen. Das ist denkbar, wenn bei kleinen Unternehmen eine direkte und persönliche Betroffenheit einer natürlichen Person gegeben ist, etwa beim Inhaber eines als Personengesellschaft geführten Gewerbes, das durch die Tat eines Angestellten geschädigt wird. *Meier* spricht hier zutreffend vom Kriterium der **„Personalisierbarkeit"**.[114] Fehlt es an einer solchen persönlichen Betroffenheit einer natürlichen Person, ist im Übrigen aber § 46a Nr. 1 StGB nicht einschlägig. Eine Benachteiligung der betroffenen Täter ergibt sich daraus nicht, denn ihnen bleibt der Weg über den materiellen Schadensersatz gem. § 46a Nr. 2 StGB offen.

Auch bei den **Delikten gegen die Allgemeinheit**, wie etwa einer folgenlosen Trunkenheit im Straßenverkehr gem. § 316 StGB oder einem Korruptionsdelikt gem. §§ 331 ff. StGB, ist mangels eines konkret betroffenen persönlich Geschädigten die Durchführung eines TOA gem. § 46a Nr. 1 StGB nicht sinnvoll möglich. Das gilt jedenfalls für die abstrakten Gefährdungsdelikte wie die eben genannten.

Anders ist zu entscheiden bei den **konkreten Gefährdungsdelikten**, bei denen eine Person an Leib oder Leben gefährdet wird, wie dies etwa bei § 315c StGB der Fall sein kann; hier kommt ein TOA in Betracht.[115] Und auch bei Delikten, die wie § 113 StGB (Widerstand gegen Vollstreckungsbeamte) an sich unmittelbar rein ein kollektives Interesse betreffen, ist eine zumindest sekundäre Betroffenheit einer natürlichen Person (beispielsweise eines von der Widerstandshandlung betroffenen Polizisten) denkbar. Auch hier sollte man die Möglichkeit eines TOA nach § 46a Nr. 1 StGB nicht von vornherein ausschließen.[116] Richtig ist zwar, dass in diesen Fällen allein die Wiedergutmachung auf der Seite der konkret betroffenen Person keine vollständige Beseitigung der Rechtsfriedensstörung bewirken kann. Das zeigt sich schon daran, dass die betroffene einzelne Person nicht über das kollektive Rechtsgut disponieren kann.[117] Dennoch ist hier die Möglichkeit eines TOA deswegen zu bejahen, weil der Gedanke der überwiegenden Wiedergutmachung der Tat bzw. des nur ernsthaften Erstrebens, der in der Norm selbst verankert ist, dafür spricht, dass auch nur eine **teilweise Wie-**

[114] *Meier* JuS 1996, 440; so auch *Streng*, Strafrechtliche Sanktionen, Rn. 581 mwN.

[115] A. A. *Maiwald* GA 2005, 345.

[116] S. *Schöch*, in: Canaris u. a. (Hrsg.), 50 Jahre Bundesgerichtshof, Festgabe aus der Wissenschaft, Band IV, 2000, S. 334; *Kaspar*, Wiedergutmachung und Mediation im Strafrecht, S. 109.

[117] Genau dies ist allerdings bei § 315c sehr umstritten, vgl. nur Sch/Sch/*Sternberg-Lieben/Hecker*, StGB, § 315c Rn. 40.

dergutmachung einer begangenen Tat zumindest prinzipiell in den Anwendungsbereich der Norm passt.

Diese Sichtweise, bei der auf die persönliche Betroffenheit abgestellt wird, eröffnet auch die Möglichkeit des Einbezugs von **Versuchsdelikten** in den Anwendungsbereich des § 46a Nr. 1 StGB. Denn selbst wenn ein völlig folgenloser Versuch nicht zu einem materiell ausgleichsfähigen Schaden geführt hat, so ist doch denkbar, dass (etwa beim Opfer einer versuchten Gewalttat, die zu keinem Schaden geführt hat) eine persönliche Betroffenheit, Angstgefühle usw. einen Bedarf nach Konfliktlösung und Tataufarbeitung gerade im Rahmen eines kommunikativen Prozesses mit dem Täter nötig und sinnvoll machen.[118]

(2) Ist eine dritte Person als Vermittler erforderlich?

Ob ein TOA nach § 46a Nr. 1 StGB zwingend die Einschaltung eines Vermittlers erforderlich macht, war nach der Einführung des § 46a Nr. 1 StGB umstritten. In der Gesetzesbegründung ist die Rede von einer Konfliktlösung „unter Anleitung eines Dritten".[119] Dies führte dazu, dass zum Teil diese Einschaltung einer dritten Person als zwingende Voraussetzung angesehen wurde.[120] Zwar ist zutreffend, dass ein **neutraler Vermittler** für den positiven Abschluss eines solchen Verfahrens regelmäßig förderlich sein wird. Er kann die Kommunikation der Parteien in Gang bringen, kann Hemmschwellen abbauen, vermitteln und gegenseitige Einsicht wecken und schließlich auch für den Ausgleich eines möglichen Machtungleichgewichts zwischen den Parteien sorgen. Allerdings sollte man die Gesetzesbegründung, die ohnehin keinen Niederschlag im Wortlaut des Gesetzes gefunden hat, eher als Beschreibung des Regelfalls und **nicht** im Sinne einer **zwingenden Voraussetzung** verstehen.[121] Denn die Grundgedanken des TOA, also die Verantwortungsübernahme auf Seiten des Täters, die einerseits spezial- und generalpräventive Strafbedürfnisse verringern kann, auf der anderen Seite die Opferinteressen ganz oder teilweise befriedigen kann, setzen die Einschaltung eines neutralen Dritten nicht voraus. Das bedeutet, dass sowohl ein unmittelbar zwischen Täter und Opfer erzielter Ausgleich wie auch ein durch die (naturgemäß nicht neutralen) Anwälte auf beiden Seiten diese Voraussetzung des TOA erfüllen kann. Dies entspricht auch der ganz herrschenden Ansicht in der Rechtsprechung und der Literatur, wonach die Einschaltung eines Vermittlers zwar zu begrüßen sei, aber eben nicht zwingend ist.[122]

---

[118] Vgl. *Streng*, Strafrechtliche Sanktionen, Rn. 581; zweifelnd *Maiwald* GA 2005, 346.

[119] BT-Drs. 12/6853, 21.

[120] *König/Seitz* NStZ 1995, 2.

[121] So auch BGH NStZ 2002, 646.

[122] BayObLG NJW 1995, 2120; *Kaspar*, Wiedergutmachung und Mediation im Strafrecht, S. 111 mwN.

(3) Maßstab für erfolgreichen TOA

Der Gesetzgeber spricht in § 46a Nr. 1 StGB von der Wiedergutmachung der Tat, die vollständig gelingen kann, überwiegend gelingen kann oder vom Täter auch nur ernsthaft erstrebt werden kann. Dabei stellt sich die Frage, welchen **Maßstab** der Richter für die Bewertung eines ausreichend **erfolgreichen TOA** anlegen muss. Bei der Frage der vollständigen oder überwiegenden Wiedergutmachung könnte man auf die zivilrechtlich geschuldeten Positionen abstellen, soweit es um materielle Ausgleichsleistungen geht. Das würde allerdings dem Wesen des TOA nicht gerecht, denn hier geht es ja in erster Linie um persönliche Konfliktlösung, die auch und gerade Leistungen des Täters umfasst, die seinen guten Willen ausdrücken, wie etwa eine Entschuldigung, auf die aber gerade kein rechtlicher Anspruch besteht. Dementsprechend ist es auch wenig sinnvoll, auf zivilrechtlich Geschuldetes abzustellen, das stets nur einen Teil der relevanten Leistungen ausmachen wird. Die auf Konfliktlösung und Befriedung abzielende Verfahrensweise des TOA legt es vielmehr nahe, als Maßstab für die vollständige Wiedergutmachung der Tat auf das abzustellen, was Täter und Opfer im konkreten Fall **vereinbart** haben. Wird diese Vereinbarung vom Täter erfüllt, hat man es mit vollständiger Wiedergutmachung zu tun, erbringt er die vereinbarten Leistungen zu einem zumindest überwiegenden Teil, ist von überwiegender Wiedergutmachung auszugehen. Das beinhaltet ausdrücklich die Möglichkeit, dass es das Opfer dem Täter vergleichsweise „leicht macht“ und etwa auf einen Teil des zivilrechtlich Geschuldeten verzichtet. Hier besteht dann doch eine Art Disposition des Opfers über die Voraussetzungen eines Strafzumessungsgrundes, ist aber insofern unbedenklich, als sich dies hier zugunsten des Täters auswirkt und ein Korrektiv in Form der Ermessensentscheidung des Richters zur Verfügung steht. Da der Gesetzgeber bei § 46a Nr. 1 StGB sogar das nur ernsthafte Erstreben der Wiedergutmachung der Tat als vollwertige Alternative installiert hat, ist die Frage „vollständiger“ oder „überwiegender“ Wiedergutmachung in ihrer Bedeutung ohnehin etwas relativiert. Dennoch ist sie nicht irrelevant, da bei vollständiger Wiedergutmachung die Entscheidung des Richters auf der Rechtsfolgenseite erstens eher in Richtung der Bejahung (zumindest) einer Strafmilderung gehen wird. Zweitens kommt in dieser Konstellation, also bei vollständiger Wiedergutmachung, auch eher die besonders weitreichende Rechtsfolge des Absehens von Strafe in Betracht.[123]

(4) Bedeutung der friedensstiftenden Motivation des Täters

Umstritten ist schließlich, ob für die Bejahung der Voraussetzung des TOA nach § 46a Nr. 1 StGB die positive und **friedensstiftende Motivation des Täters** eine entscheidende Rolle spielt. Das ist ansatzweise in den

[123] Zu den Rechtsfolgen von § 46a StGB genauer unten ee).

gesetzlichen Voraussetzungen enthalten, in denen von „ernsthaftem Erstreben" bzw. einem „Bemühen" um einen Ausgleich gesprochen wird (wobei klar ist, dass auch letzteres ernstgemeint sein muss). Auf der anderen Seite ist die Gefahr nicht zu übersehen, dass hier vorschnell mit Hinweis auf eine möglicherweise nicht ernst gemeinte Gesinnung des Täters die Voraussetzungen der Norm abgelehnt werden. Zumindest muss hier dem Gedanken des **in dubio pro reo** entsprechend von einer hinreichend auf Friedensstiftung gerichteten Motivation des Täters ausgegangen werden, solange keine tatsächlichen Anhaltspunkte für das Gegenteil sprechen.[124] Vor diesem Hintergrund wäre es also nicht zulässig, dem Täter vorzuhalten, dass er auch oder vielleicht sogar vorrangig die Strafmilderungsmöglichkeit des § 46a StGB vor Augen hat und sich dadurch motivieren ließ. Das wäre ein Widerspruch zum Normzweck, denn gerade die Anreizfunktion einer Strafmilderung oder eines Absehens von Strafe wurde ja bei der Schaffung von § 46a StGB ins Feld geführt. Dann kann es aber nicht ernsthaft zu Lasten des Täters gewertet werden, wenn diese Anreizfunktion in der Praxis dann tatsächlich funktioniert.

Auch dass der Täter erst sehr spät Wiedergutmachungsbemühungen entfaltet, vielleicht auch nach längerem Bestreiten der Tat, steht einem ernsthaften Bemühen nicht von vornherein entgegen. Denn auch hier sind die Grundgedanken des TOA prinzipiell noch einschlägig, und entsprechend hat der Gesetzgeber in § 46a StGB auch **keine zeitliche Grenze** für die Erbringung von Wiedergutmachungsleistungen eingeführt. Diese Entscheidung des Gesetzgebers gewinnt neuerdings noch zusätzliche Bedeutung, da bei der „Kronzeugenregelung" des § 46b StGB in Abs. 3 eine zeitliche Grenze ausdrücklich verankert wurde. Der Gesetzgeber kennt die Problematik also, hat aber, so muss man im Umkehrschluss folgern, bei § 46a StGB bewusst darauf verzichtet. Das schließt natürlich nicht aus, dass der Richter bei seiner **Ermessensentscheidung** der Tatsache der erst späten Wiedergutmachungsleistung durch den Täter Bedeutung zumisst.[125] Der Umstand der erst späten Bemühung kann aber eben, wie gesehen, nicht von vornherein zum Ausschluss der Voraussetzungen der Norm führen.

Grundsätzlich unerheblich ist, wer die ursprüngliche **Initiative** zur Durchführung des TOA ergriffen hat, solange sich der Täter in der Folge zur Teilnahme bereit erklärt. Selbst die **gerichtliche Inanspruchnahme** durch das Opfer im Zivilrechtsweg steht nach dem BGH einer ausreichenden Motivation des Täters nicht entgegen.[126]

Nicht überzeugend ist die Rechtsprechung, wonach ein TOA ausscheidet, wenn das Opfer sich in einer **finanziellen Notlage** befindet und der

---

[124] S. *Kaspar*, Wiedergutmachung und Mediation im Strafrecht, S. 115.
[125] OLG Köln NStZ-RR 2004, 72.
[126] BGHSt 48, 134 (142); BGH NStZ-RR 2006, 373.

Täter diese nur ausnutze.[127] Die Begründungsstrategie des BGH fußt auf zwei Elementen. Zunächst wird eine „innere Akzeptanz" der erzielten Vereinbarung zwischen dem Opfer einer Vergewaltigung und dem Täter abgelehnt. Der Täter hatte sich hier zur Zahlung von Schmerzensgeld in Höhe von 15.000,-- DM bereit erklärt. Hier ist schon nicht ersichtlich, warum die vermeintlich fehlende „innere Akzeptanz" der Vereinbarung dem TOA von vorneherein entgehen stehen soll. Denn wie der BGH richtig sieht, kommt es auch sonst nicht auf eine vollständige Aussöhnung oder Zufriedenheit des Opfers mit einem Ausgleichsverfahren an; schon das „ernsthafte Erstreben" kann genügen. Auch dies wird aber vom Gericht verneint, denn – so der BGH – es fehle dem Täter hier an einer friedensstiftenden Motivation, wenn er nur die Lage der Geschädigten ausnutze. Das ist insofern keine ausreichende Begründung für die Ablehnung eines TOA, als allein die Kenntnis der schlechten finanziellen Lage auf Seiten des Täters keine missbilligenswerte Motivation begründen kann. Im Gegenteil könnte man argumentieren, dass gerade hier das Tatopfer auf die Anreizfunktion des TOA und die Erstattung seiner Forderungen durch entsprechende Ersatzleistungen angewiesen ist. Kommen also keine weiteren Gesichtspunkte hinzu, die zeigen, dass der Täter an Konfliktlösung mit dem Opfer in Wahrheit nicht interessiert ist, etwa weil er es verhöhnt oder die Verantwortung für die Tat auf es überwälzen will, ist von einer ausreichenden Motivation für einen TOA im Sinn von § 46a Nr. 1 StGB auszugehen.

(5) Bedeutung des Geständnisses

In diesen Kontext fällt auch die sehr umstrittene Frage, ob ein **Geständnis** zwingende Voraussetzung für einen erfolgreichen TOA ist. Auch hier fehlt es an einem entsprechenden Hinweis im Wortlaut der Norm. Der BGH hält dies bei Gewaltdelikten und Delikten gegen die sexuelle Selbstbestimmung zwar „regelmäßig" für erforderlich, lässt damit aber noch einen gewissen Spielraum für Ausnahmen.[128] Hält man sich vor Augen, dass bei § 46a Nr. 1 StGB ausdrücklich die Konfliktbereinigung im Vordergrund steht, erscheint es auch durchaus möglich, dass – je nach den Umständen des Einzelfalles – aus Sicht des Opfers ein vollumfängliches Geständnis des Täters **keine zwingende Voraussetzung** ist, um sich auf ein Ausgleichsverfahren einzulassen.[129] Natürlich kann es der Bejahung ernsthafter Bemühungen entgegenstehen, wenn der Täter jegliche Verantwortung für die Tat hartnäckig leugnet. Dass man aber nicht zwingend auf ein Geständnis

---

[127] BGH StV 2002, 649 mit Anm. *Kaspar;* krit. auch *Götting*, S. 78 ff.; *Püschel* StraFo 2006, 268.

[128] Vgl. aber die entsprechende Kritik von *Streng*, Strafrechtliche Sanktionen, Rn. 713.

[129] Vgl. *Kaspar*, Wiedergutmachung und Mediation im Strafrecht, S. 116 mwN; *Schöch*, in Festschrift für Roxin, 2011, S. 651 ff; dies wird vom BGH nur ausnahmsweise anerkannt, s. BGH StV 2008, 464; BGH NStZ 2010, 82.

abstellen sollte, zeigt zumindest das Beispiel eines Betrugsdeliktes, wo die Konstellation möglich ist, dass der Täter zwar vorsätzliches Handeln und insofern eine strafrechtliche Verantwortlichkeit bestreitet, gleichzeitig aber eine zivilrechtliche Verantwortlichkeit anerkennt und entsprechende Ausgleichsbemühungen beginnt. Wird dies nun noch mit persönlichen Ausgleichsleistungen wie etwa einer Entschuldigung gegenüber dem persönlich betroffenen Opfer verbunden, so erscheint dies durchaus als möglicher Anwendungsfall eines TOA nach § 46a Nr. 1 StGB. In diesem Zusammenhang ist auch darauf hinzuweisen, dass das Leugnen einer Tat und das Fehlen eines Geständnisses auch Teil einer völlig legitimen Verteidigungsstrategie sein kann.[130] Auch aus diesem Grund sollte man die Anwendung des TOA nicht zwingend von einem Geständnis abhängig machen.

dd) Schadenswiedergutmachung (§ 46a Nr. 2 StGB)

Die Schadenswiedergutmachung gem. § 46a Nr. 2 StGB ist ganz auf die Erbringung von materiellen Ausgleichsleistungen zugeschnitten. Der Täter muss den durch seine Tat verursachten Schaden ganz oder zumindest überwiegend wiedergutmachen.

(1) Deliktsbereich

Der Deliktsbereich, bei dem § 46a Nr. 2 StGB in Betracht kommt, umfasst alle Delikte, bei denen ein materiell ausgleichsfähiger Schaden eingetreten ist. In Betracht kommen daher nicht nur **Eigentums- und Vermögensdelikte**, sondern beispielsweise auch **Gewaltdelikte**, unabhängig von ihrer Schwere, bei denen Schadensersatz- und Schmerzensgeldleistungen geschuldet sein können.

Unproblematisch sind hier auch **Delikte gegen juristische Personen** sowie **gegen die Allgemeinheit** erfasst, bei denen ein Schaden eingetreten ist. Denn die persönliche und kommunikative Komponente des TOA im engen Sinn spielt bei der Schadenswiedergutmachung keine Rolle. Der Betrug gegenüber einem Unternehmen mit rein materiellem Schaden kommt daher als ausgleichsfähiges Delikt im Sinne von § 46a Nr. 2 StGB ebenso in Betracht wie eine Steuerhinterziehung.[131]

Ausgeschlossen sind **Delikte gegen die Allgemeinheit** und sonstige opferlose Delikte, bei denen kein Schaden verursacht wird, z. B. die bereits oben erwähnte folgenlose Trunkenheit im Verkehr (§ 316 StGB). Auch bei folgenlosen **Versuchstaten**, gibt es keinen „Schaden“, der ausgeglichen werden könnte. Das kann zu auf den ersten Blick ungerechten Ergebnissen führen: Der Täter einer versuchten Tötung, dessen Schuss das Opfer vollständig verfehlt, wäre aus dem Anwendungsbereich von § 46a Nr. 2 StGB

---

[130] Vgl. nur SK-StPO/*Weßlau,* § 155a Rn. 5 sowie *Maiwald* GA 2005, 342 f.

[131] S. BGH NStZ 2001, 200; weitere Nachweise bei *Kaspar,* Wiedergutmachung und Mediation im Strafrecht, S. 118.

ausgeschlossen, während sich der Täter, der dabei eine Verletzung verursacht, durch Wiedergutmachung des Schadens zumindest die Chance einer Strafmilderung verdienen könnte. Bedenklich oder gar verfassungswidrig ist eine solche Ungleichbehandlung aber nicht. Denn aufgrund der eingetretenen Verletzung bleibt es dabei, dass der Täter insgesamt härter bestraft werden wird, allein schon durch die dann gleichzeitig verwirklichte vollendete gefährliche Körperverletzung (§§ 223, 224 StGB). Außerdem liegt es in der Natur der Sache (und stellt daher keine willkürliche Ungleichbehandlung dar), dass man eine solche Form der Wiedergutmachung an den Eintritt eines Schadens anknüpft. Schließlich ist zu bedenken, dass es dem Täter eines (auch folgenlosen) Versuchs freisteht, den Weg über § 46a Nr. 1 StGB zu wählen.[132]

Eine von manchen geforderte Möglichkeit der **„symbolischen Wiedergutmachung"** bei opferlosen Delikten[133], etwa in Form von Zahlungen an gemeinnützige Einrichtungen, wäre zwar eine sinnvolle Ergänzung, um verbleibende Härten abzufedern.[134] Der Gesetzgeber hat diese Möglichkeit im geltenden Recht aber nicht vorgesehen, auch nicht in § 46a Nr.2 StGB.[135] Das Hauptproblem einer solchen Regelung wäre die Bestimmtheit: Es müsste für den Täter deutlich werden, welche Art von Leistung in welcher Höhe zu erbringen wäre, um ausreichende symbolische Wiedergutmachung zu leisten. Hierfür sind keine Maßstäbe ersichtlich, so dass eine Regelung de lege ferenda eher problematisch erscheint. Ein zwingendes Bedürfnis danach besteht wie gesagt nicht.

(2) Maßstab für vollständige oder überwiegende Wiedergutmachung

Die Ermittlung des auszugleichenden Schadens ist im Ausgangspunkt schon aus Gründen der Bestimmtheit und Rechtssicherheit anhand **zivilrechtlicher Maßstäbe** vorzunehmen. Denkbar sind hier neben Herausgabeansprüchen des Opfers nach Eigentumsdelikten (etwa aus § 985 BGB) vor allem deliktische Schadensersatzansprüche aus §§ 823 ff. BGB sowie ein Schmerzensgeldanspruch aus § 253 II BGB. Werden diese zivilrechtlich geschuldeten Ansprüche vom Täter vollständig oder zumindest „überwiegend", d. h. mindestens zur Hälfte[136], erfüllt, kommt eine Anwendung von § 46a Nr. 2 StGB in Betracht.

[132] S. dazu bereits oben cc) (1) sowie *Kaspar*, Wiedergutmachung und Mediation im Strafrecht, S. 118.

[133] Dazu *Kaspar*, Wiedergutmachung und Mediation im Strafrecht, S. 126 ff.

[134] S. ausführlicher *Kaspar*, Wiedergutmachung und Mediation im Strafrecht, S. 127 ff. A. A. *Jeckel*, S. 33; *Götting*, S. 85.

[135] *Kaspar*, Wiedergutmachung und Mediation im Strafrecht, S. 126 ff.; zust. *Meier*, S. 342.

[136] *Streng*, Strafrechtliche Sanktionen, Rn. 585 mwN.

Unstreitig ist, dass das zivilrechtlich Geschuldete die **Obergrenze** der für § 46a Nr. 2 StGB relevanten Ausgleichsleistungen darstellt. Geht der Geschädigte mit seinen Forderungen darüber hinaus, hat das für die Anwendung von § 46a Nr. 2 StGB keine Auswirkung, zumal die Möglichkeit der Hinterlegung gem. §§ 372, 378 BGB besteht. Wie ist aber zu entscheiden, wenn der Geschädigte auf seine zivilrechtlichen Ansprüche ganz oder teilweise verzichtet, dem Täter hier also (wie es in der Praxis durchaus nicht selten ist) entgegen kommt? Allein die Tatsache, dass das Opfer es dem Täter „leicht macht", sollte die Anwendung von § 46a StGB nicht blockieren. Nach einem **teilweisen Verzicht des Opfers** auf einen Teil der Forderung sollte als Maßstab für vollständige oder zumindest überwiegende Wiedergutmachung auf diesen **reduzierten Betrag** abgestellt werden.[137] Das ist genau genommen keine Abweichung vom auch sonst geltenden Maßstab, da nach einem wirksamen Verzicht auch nur der reduzierte Betrag zivilrechtlich geschuldet wird. Generalpräventive Bedenken lassen sich entkräften, da die „personalen Elemente" in § 46a Nr. 2 StGB[138] sicherstellen, dass auch in diesem Fall noch eine ausreichende Anstrengung des Täters erforderlich bleibt. Verbleibenden Bedenken kann im Rahmen der Ermessensausübung durch den Richter Rechnung getragen werden.[139] In diesen Grenzen erscheint eine partielle **„Opferdisposition"** über die Voraussetzungen des § 46a StGB[140], die sich ausschließlich zu Gunsten des Täters auswirkt, also möglich.

Wie aber ist zu entscheiden, wenn das Opfer auf den **vollständigen Betrag verzichtet**? Mangels ersatzfähigen „Schadens" ist in diesem Fall eine Anwendung von **§ 46a Nr. 2 StGB ausgeschlossen**. Da der wirksame Verzicht den Anspruch zum Erlöschen bringt, ist der Weg über die Hinterlegung gem. §§ 372, 378 BGB versperrt. Immerhin wird einem solchen Schritt des Opfers in der Regel ein kommunikativer Prozess vorausgehen, so dass zusätzlich der Anwendungsbereich von § 46a Nr. 1 StGB eröffnet ist, dessen Schwerpunkt nicht auf der Erbringung materieller Leistungen in bestimmter Höhe liegt. Zumindest in dieser Weise kann sich der Täter dann die Möglichkeit einer Strafmilderung oder eines Absehens von Strafe verdienen.

(3) Bedeutung der personalen Elemente

Nach dem Willen des Gesetzgebers soll sichergestellt sein, dass der Täter einer Straftat sich nicht allein durch Zahlung eines Geldbetrags der Bestrafung ganz oder teilweise entziehen kann; er soll durch einen Beitrag „über die rein rechnerische Kompensation des Schadens hinaus" Verantwortung

---

[137] So auch BGH StV 2009, 405 f.

[138] Dazu s. sogleich unten (3).

[139] Vgl. *Schöch,* in Festschrift für Rissing-van Saan, 2011, S. 648 f.

[140] S. dazu bereits oben bb) sowie näher *Kaspar* GA 2003, 153 ff.

für die Tat übernehmen.[141] Die Möglichkeit eines **„Freikaufs“** soll also verhindert werden, zumal dies wohlhabende Straftäter in ungerechter Weise privilegieren würde.

Daher kommt eine Anwendung von § 46a Nr. 2 StGB nur in Betracht, wenn die Entschädigung des Opfers dem Täter **„erhebliche persönliche Leistungen“** oder **„erheblichen persönlichen Verzicht“** abverlangt hat. Diese **„personalen Elemente“** der Norm verleihen dem Entschädigungsvorgang einen strafähnlichen Charakter, der hier in einer vom Täter freiwillig übernommenen Anstrengung besteht. Damit wird der Unterschied zum rein zivilrechtlichen Schadensersatz betont und eine strafrechtliche Relevanz der Schadenswiedergutmachung plausibel gemacht.

Nicht gemeint sind damit **zusätzliche Zahlungen des Täters** über das zivilrechtlich Geschuldete hinaus, da es diesbezüglich an einem Maßstab für ausreichende Wiedergutmachung fehlt und vor allem der Zweck der Verhinderung eines „Reichenprivilegs“ nicht erzielt werden könnte. Als Beispiel für „erhebliche persönliche Leistungen“ des Täters werden vom Gesetzgeber vielmehr **Arbeitsleistungen in der Freizeit** genannt, um auf diese Weise zusätzliches Geld für die Entschädigung des Opfers zu verdienen.[142] Ein „erheblicher persönlicher Verzicht“ ist beispielsweise gegeben, wenn der Täter zu diesem Zweck sein **Auto verkauft.**

Werden die personalen Elemente erfüllt, ist die vom Gesetzgeber in diesem Zusammenhang erwähnte **„Verantwortungsübernahme“** des Täters richtigerweise zu bejahen.[143] Sie muss nicht separat geprüft und festgestellt werden, es handelt sich hier also, anders, als es in manchen Urteilen des BGH anklingt[144], um **keine selbständige Voraussetzung** von § 46a Nr. 2 StGB.[145] Eine weitergehende Erforschung der **Motive des Täters** ist in der Norm nicht vorgesehen und auch nicht erforderlich. Daher ist es auch nicht entscheidend, ob der Täter aus eigener Initiative oder auf Anregung Dritter die Schadenswiedergutmachung geleistet hat. Selbst die Einreichung einer zivilrechtlichen Klage schließt die Anwendung von § 46a Nr. 2 StGB nach der Rechtsprechung nicht aus.[146] Das überzeugt auch deshalb, weil der Täter keinen Einfluss auf den Zeitpunkt einer Klageerhebung durch den Geschädigten hat.[147]

---

[141] BT-Drs. 12/6853, 22.
[142] BT-Drs. 12/6853, 22.
[143] BT-Drs. 12/6853, 22.
[144] S. vor allem BGH NStZ 2000, 206; NStZ 2002, 364 f.; NStZ 2003, 365 f.
[145] S. näher *Kaspar*, Wiedergutmachung und Mediation im Strafrecht, S. 124; *König* JR 2002, 251 f.
[146] BGH NStZ 1995, 284; s. auch *Rose* JR 2010, 197 mwN.
[147] *Meier*, S. 350.

Ein in der Norm angelegtes und nicht ganz lösbares Problem ist die **Benachteiligung wohlhabender Täter.**[148] Da ihnen die Entschädigung des Opfers aus bereits vorhandenen Mitteln weder persönliche Leistungen noch persönlichen Verzicht abverlangen wird, scheinen sie vom Anwendungsbereich der Norm von vornherein ausgeschlossen zu sein. Um die daraus entstehende Ungleichbehandlung etwas abzumildern, sollte es auch diesem Täterkreis ermöglicht werden, durch Übernahme von zusätzlicher Arbeit Geld für die Opferentschädigung zu verdienen.[149] Im Übrigen bleibt es wohlhabenden Tätern unbenommen, einen TOA gem. § 46a Nr. 1 StGB in die Wege zu leiten.

ee) Rechtsfolgen von § 46a StGB

Sind die Voraussetzungen von § 46a Nr. 1 oder Nr. 2 StGB erfüllt, kommt als Rechtsfolge eine Strafrahmenmilderung oder noch weitergehend ein Absehen von Strafe in Betracht.

(1) Strafrahmenmilderung

Der Richter hat zunächst die Möglichkeit, den Strafrahmen gem. § 49 I StGB zu mildern. Es handelt sich bei § 46a StGB um eine sog. **vertypte Strafrahmenmilderung,** die konkrete Umstände beschreibt, bei deren Vorliegen der Strafrahmen abgesenkt wird.

Beispiel: Hat der Täter eines Raubes (§ 249 I StGB) im Anschluss an die Tat ausreichende Wiedergutmachungsbemühungen entfaltet, kann der Richter bei der Strafzumessung anstelle eines Strafrahmens von 1 Jahr bis 15 Jahren Freiheitsstrafe durch die Anwendung von § 46a StGB einen Strafrahmen von 3 Monaten bis 11 Jahren und 3 Monaten zugrunde legen.

Schwierigkeiten kann die Konkurrenz von § 46a StGB zu anderen Milderungsgründen bereiten.[150]

Im Verhältnis zu unbenannten **„minder schweren Fällen"** (beispielsweise in § 249 II StGB) ist zunächst zu ermitteln, ob letzterer schon aufgrund anderer Umstände bejaht werden kann, also ohne Einbezug der Wiedergutmachungsbemühungen des Täters. Ist das der Fall, spricht nichts gegen eine doppelte Milderung des Strafrahmens sowohl aufgrund der Annahme eines minder schweren Falles als auch durch (allerdings fakultative) Anwendung von § 46a StGB.

Führt erst der Einbezug der Wiedergutmachung zur Bejahung des minderschweren Falles, kann § 46a StGB dagegen nicht nochmals in Ansatz

---

[148] S. *Jescheck/Weigend*, S. 867, die vom „Armenprivileg" sprechen. S. dazu auch *Bosch*, S. 860.

[149] *Kaspar*, Wiedergutmachung und Mediation im Strafrecht, S. 126.

[150] Vgl. dazu *Schäfer/Sander/van Gemmeren*, Rn. 928 ff.

gebracht werden, da dies gegen das **Verbot der Doppelverwertung in § 50 StGB** verstoßen würde.[151] Hier ist richtigerweise die für den Täter **günstigere Variante** zu wählen[152], da ihm die Vorteile einer Milderungsnorm nicht deswegen entgehen dürfen, wenn er zugleich weitere Milderungsgründe verwirklicht. Das bereitet dann Schwierigkeiten, wenn eine eindeutig günstigere Variante nicht existiert.

Beispiel: Im obigen Raub-Beispiel würde § 46a StGB bei § 249 I StGB wie gesehen zu einem Strafrahmen von 3 Monaten bis 11 Jahren und drei Monaten Freiheitsstrafe führen, die Anwendung von § 249 II StGB dagegen zu einem Strafrahmen von sechs Monaten bis 5 Jahren Freiheitsstrafe. Da der Strafrahmenuntergrenze in der Praxis die deutlich wichtigere Bedeutung zukommt und allein das Absenken des Rahmens unter 6 Monaten im Ausnahmefall sogar das Ausweichen auf eine Geldstrafe ermöglicht (s. § 47 II StGB), sollte in solchen Zweifelsfällen die **niedrigere Strafrahmenuntergrenze** ausschlaggebend sein.

Beim Zusammentreffen mit **sonstigen vertypten Strafrahmenmilderungsgründen**, die auf anderen Aspekten wie z. B. der nur versuchten Tat (§ 23 StGB) oder einem Verbotsirrtum des Täters (§ 17 S. 2 StGB) beruhen, ergeben sich keine Probleme mit dem Doppelverwertungsverbot. Hier kann der Strafrahmen durch **kumulative Anwendung** der Milderungsnormen in mehreren Schritten abgesenkt werden.[153]

Beispiel: Der Täter eines nur versuchten Raubes hat sich im Rahmen eines erfolgreichen TOA für die Tat entschuldigt und einen Geldbetrag an das Opfer gezahlt. Der ursprüngliche Strafrahmen des § 249 I StGB von 1 bis 15 Jahren Freiheitsstrafe kann durch die (fakultative) Strafrahmenmilderung in § 46a Nr. 1 StGB zunächst auf 3 Monate bis 11 Jahre und drei Monate Freiheitsstrafe gesenkt werden. Durch die davon unberührte (ebenfalls fakultative) Strafrahmenmilderung gem. § 23 II StGB kann das Gericht letztlich zu einem Strafrahmen von 1 Monat bis 8 Jahren und 5 Monaten Freiheitsstrafe gelangen.

(2) Absehen von Strafe

Als noch weitergehende Rechtsfolge sieht § 46a StGB die Möglichkeit des **Absehens von Strafe** vor. Dabei handelt es sich um keinen vollständigen Verzicht auf eine Sanktionierung wie bei den Opportunitätseinstellungen, denn es erfolgt zumindest ein Schuldspruch; darüber hinaus wird aber

---

[151] *Streng*, Strafrechtliche Sanktionen, Rn. 593.

[152] S. SK-StGB/*Horn/Wolters*, § 50 Rn. 5; *Streng*, Strafrechtliche Sanktionen, Rn. 593; a. A. *Schäfer/Sander/van Gemmeren*, Rn. 933.

[153] Bsp. bei *Schäfer/Sander/van Gemmeren*, Rn. 932.

auf die Zufügung eines Strafübels verzichtet. Liegen die Voraussetzungen des Absehens von Strafe vor, kann das Verfahren bereits im Rahmen des Ermittlungsverfahrens gem. § 153b StPO eingestellt werden.[154]

Ein Absehen von Strafe kommt nur in Betracht, wenn der Täter mit seiner Tat eine **Freiheitsstrafe von nicht mehr als 1 Jahr verwirkt** hat. Hier ist eine hypothetische Strafzumessungsentscheidung zu treffen, bei der richtigerweise auch die Wiedergutmachungsleistungen als Anlass des Milderungsgrundes zu berücksichtigen sind.[155] Denn gerade diese prägen das Gesamtbild der Tat und haben daher Einfluss auf das verbleibende generalpräventive Strafbedürfnis, das nach der Gesetzesbegründung Hintergrund der Anwendungssperre ist.[156] Es ist auch kein Widerspruch, von einer „an sich verwirkten" Strafe zu sprechen, auf die dann im Wege des Absehens von Strafe verzichtet wird.[157] Es geht dabei um die Frage, welche Strafe zu verhängen wäre, wenn es die Möglichkeit des Absehens von Strafe nicht gäbe. Auch das Verbot der Doppelverwertung ist nicht tangiert[158], da es nicht um eine zweifache Berücksichtigung desselben Umstandes bei der (echten) Strafzumessungsentscheidung geht, sondern um das Einfließen eines Umstandes in eine hypothetische Strafzumessung, die der Gesetzgeber selbst innerhalb der Prüfung des Absehens von Strafe vorgesehen hat.

(3) Ermessen

Nach dem klaren Wortlaut ist der Richter auch dann, wenn die Voraussetzungen von § 46a StGB zumindest in einer seiner Varianten erfüllt sind, nicht gezwungen, den Strafrahmen zu mildern oder von Strafe abzusehen; er „kann" dies tun, muss es aber nicht. Dabei stellt sich die Frage, warum bei Wiedergutmachungsbemühungen, die die (anspruchsvollen) gesetzlichen Voraussetzungen erfüllen, noch Raum für eine solche **Ermessensentscheidung** bleiben sollte[159] – zumal dem Richter auch innerhalb des gemilderten Strafrahmens regelmäßig ein großer Spielraum für individuelle Strafzumessungserwägungen bleiben wird. Die Forderung von *Meier*, eine **Ermessensreduzierung auf null** anzunehmen, wenn die Strafzwecke einer Anwendung von § 46a StGB nicht entgegenstehen[160], erscheint daher berechtigt. Praktisch relevant dürfte das allerdings nicht werden; denn soweit ersichtlich ist noch kein Fall bekannt geworden, bei dem zunächst die Voraussetzungen von § 46a StGB bejaht wurden, dann aber auf der Rechts-

[154] S. oben a) cc).
[155] S. dazu *Kaspar*, Wiedergutmachung und Mediation im Strafrecht, S. 129 mwN.
[156] BT-Drs. 12/6853, 21.
[157] Vgl. (in Bezug auf § 60 StGB) *Streng*, Strafrechtliche Sanktionen, Rn. 713.
[158] Vgl. (zum Absehen von Strafe gem § 60 StGB) BGHSt 27, 298 (300).
[159] *Maiwald* GA 2005, 348; zust. *Noltenius* GA 2007, 519.
[160] *Meier* JuS 1996, 441.

folgenseite eine Strafrahmenmilderung im Wege der Ausübung des richterlichen Ermessens versagt wurde.[161]

e) TOA in den verschiedenen Verfahrensstadien

In der Mehrzahl der Fälle wird ein TOA richtigerweise bereits in einem frühen Stadium in die Wege geleitet, also noch vor Anklageerhebung durch die Staatsanwaltschaft und während des laufenden **Ermittlungsverfahrens**. Hier besteht am meisten Zeit, zu einer Verständigung mit dem Opfer zu gelangen, damit für den Beschuldigten auch die größte Chance, sich die Möglichkeit der Rechtsfolgen des § 46a StGB zu sichern. Um das zu fördern, ist seit 1999 in **§ 136 I 4 StPO** gesetzlich vorgesehen, dass der Beschuldigte bei seiner **Vernehmung** „in geeigneten Fällen" auf die Möglichkeit eines TOA **hingewiesen** werden soll. Dies gilt über die Verweisung in **§ 163a IV 2 StPO** auch für die **Vernehmung durch Polizei und Staatsanwaltschaft.**[162] Über den Umfang der Anwendung dieser Vorschrift gibt es soweit ersichtlich keine repräsentativen statistischen Angaben. Erfahrungsberichte aus der Praxis sprechen für eine eher geringe Beachtung.[163] Das liegt vermutlich auch daran, dass ein Unterlassen der Belehrung keine prozessualen Konsequenzen hat und insbesondere nicht erfolgreich im Wege der Revision angegriffen werden kann.

Die Durchführung eines TOA ist selbst **vor dem Beginn staatlicher Ermittlungen** möglich – ein zu diesem frühen Zeitpunkt erzielter Ausgleich mit dem Opfer ist selbstverständlich (und erst recht) bei einer späteren Sanktionsentscheidung zu berücksichtigen.

Die Anreizfunktion des § 46a StGB beschränkt sich aber nicht auf dieses frühe Verfahrensstadium. Auch wenn der Täter erst im Rahmen des **Zwischenverfahrens** gem. §§ 199 ff. StPO oder nach **Eröffnung des Hauptverfahrens** aktiv wird, kann dies zur Anwendung von § 46a StGB führen. Selbst Ausgleichsleistungen, die der Täter erst **im Rahmen der Berufungshauptverhandlung**[164] oder nach erfolgreicher Revision erbringt[165], können dafür genügen, auch wenn kein Anspruch des Täters auf Unterbrechung der Hauptverhandlung zur Ermöglichung der Durchführung des TOA besteht.[166] Eine **zeitliche Grenze** wäre mit dem Sinn und Zweck von § 46a StGB nicht vereinbar und ist im Wortlaut **nicht vorgesehen**. Dass es sich dabei um eine bewusste Entscheidung des Gesetzgebers handelt, zeigt der Umkehrschluss zur 2009 eingeführten Regelung in § 46b III

---

[161] S. *Kaspar*, Wiedergutmachung und Mediation im Strafrecht, S. 131.
[162] *Meyer-Goßner*, StPO, § 136 Rn. 12a.
[163] S. dazu die Schilderung eines Strafverteidigers unten C. III. 1.
[164] OLG Köln NStZ-RR 2004, 71.
[165] S. dazu die Falldokumentation unten D. Fall 5.
[166] BGH StV 2003, 272; *Meyer-Goßner*, StPO, § 155b Rn. 3.

StGB. Dort ist klar geregelt, dass der „Kronzeuge" seinen Aufklärungs- oder Präventionsbeitrag erbringen muss, bevor die Eröffnung des Hauptverfahrens gegen ihn gem. § 207 StPO beschlossen wurde.[167]

Schließlich lässt sich noch auf **§ 155a StPO** hinweisen, der 1999 als „prozessuale Grundnorm"[168] in die StPO aufgenommen wurde und nach dem Willen zu einem breiten Anwendungsbereich des TOA beitragen soll.[169] Dort ist in Abs. 1 ausdrücklich geregelt, dass Staatsanwaltschaft und Gericht **„in jedem Stadium des Verfahrens"** die Möglichkeit eines TOA prüfen und in geeigneten Fällen sogar „darauf hinwirken" sollen. Damit ist nicht nur die Bedeutung des TOA vom Gesetzgeber nochmals betont worden, sondern auch klargestellt worden, dass er in seinem Anwendungsbereich nicht auf ein frühes Verfahrensstadium beschränkt werden soll.

Auch der Täter, der sich erst spät dazu entschließt, Ausgleichsleistungen anzubieten, kann daher also von der Rechtsfolge des § 46a StGB profitieren. Er läuft damit aber Gefahr, dass der Richter das längere Zögern zum Anlass nimmt, die **Ernsthaftigkeit der friedensstiftenden Motivation** zu bestreiten oder zumindest im Wege der **Ermessensentscheidung** auf Rechtsfolgenseite die Anwendung der Norm abzulehnen.[170] Es bleibt also dabei, dass sich insbesondere frühe Ausgleichsbemühungen am meisten in Form einer Sanktionsmilderung auszahlen werden.

Liegen Wiedergutmachungsbemühungen des Täters vor, ist vom Tatgericht zwingend zu erörtern, ob die Voraussetzungen des § 46a StGB im konkreten Fall vorliegen[171]; unterlässt das Gericht entsprechende Ausführungen, kann dies zur Aufhebung des Urteils im Wege der **Revision** führen.[172]

2. TOA im Jugendstrafrecht

Das Jugendstrafrecht ist ein **Sonderstrafrecht für jugendliche Täter** im Alter von 14 bis unter 18 Jahren (s. § 1 I JGG). Es kann unter bestimmten Voraussetzungen, namentlich bei Reifeverzögerungen oder dem Vorliegen einer jugendtypischen Straftat, auch auf die sog. **Heranwachsenden**, also die Täter von 18 bis unter 21 Jahren angewendet werden (§§ 1 I, 105 I JGG).

---

[167] S. bereits oben S. 29.
[168] BT-Drs. 14/1928, 6.
[169] BT-Drs. 14/1928, 1.
[170] Vgl. *Schäfer/Sander/van Gemmeren*, Rn. 1037.
[171] BGHSt 48, 134 (140).
[172] S. nur BGH StV 2000, 129; StV 2001, 457; weitere Nachweise bei MüKo-StGB/*Maier*, § 46a Rn. 50 f.

Das Jugendstrafrecht ist, wie u. a. § 2 I JGG klarstellt, vorrangig vom **Erziehungsgedanken** geprägt. Das zeigt sich nicht nur in einem insgesamt milderen, sondern auch deutlich variantenreicheren Sanktionsspektrum. Man ist hier insgesamt nachsichtiger und auch „experimentierfreudiger" im Hinblick auf kriminalpolitische Neuerungen; dem Jugendstrafrecht kommt aus diesem Grund oft eine Art **„Vorreiterfunktion"**[173] zu. Insofern ist es kein Zufall, dass auch der TOA zuerst hier im Rahmen von Modellprojekten erprobt wurde, bevor er auch Eingang ins allgemeine Strafrecht gefunden hat.

Gerade der von der Durchführung eines TOA erhoffte **Lerneffekt** passt gut zur erzieherischen Ausrichtung des Jugendstrafrechts, und bis heute spielt er dort eine wichtigere Rolle als bei den Erwachsenen. Eine augenfällige Besonderheit ist, dass im Jugendstrafrecht nicht nur der freiwillig vom Täter angestrebte TOA in verschiedener Weise Berücksichtigung finden kann, vor allem im Rahmen der Diversion (unten a)). Vielmehr ist hier, anders als im allgemeinen Strafrecht, auch eine Art „Zwangs-TOA" möglich (unten b)), d. h. eine formelle Sanktion mit der Verpflichtung, einen TOA anzustreben (§ 10 I 3 Nr. 7 JGG), den Schaden wiedergutzumachen (§ 15 I 1 Nr. 1 JGG) oder sich beim Opfer zu entschuldigen (§ 15 I 1 Nr. 2 JGG).

a) TOA und Diversion

Wird ein TOA noch vor Eröffnung über die Hauptverhandlung durchgeführt oder vom jugendlichen Täter zumindest angestrebt, kann dies die **Staatsanwaltschaft** zum Anlass nehmen, das Verfahren gem. **§ 45 JGG** einzustellen; die Einstellung durch das **Gericht** ist in **§ 47 JGG** geregelt. Beide Vorschriften gelten gem. § 109 II JGG auch für heranwachsende Täter im Alter von 18 bis unter 21 Jahren, auf die Jugendstrafrecht angewendet wird. Die **§§ 153 ff. StPO** werden in Bezug auf diesen Täterkreis von den speziellen Regelungen in §§ 45, 47 JGG nach h. M. **verdrängt**.[174] Von dieser informellen Sanktionierung wird im Jugendstrafrecht noch weitaus häufiger Gebrauch gemacht als bei den Erwachsenen, ca. 2/3 aller Verfahren werden hier im Wege der Diversion erledigt.[175] Wie bei den Erwachsenen kommen auch bei jugendlichen und heranwachsenden Tätern mehrere Einstellungsarten in Betracht, die sich im Hinblick auf ihre Belastungswirkung und den Grad der Formalität unterscheiden.

---

[173] Statt vieler *Jung*, S. 103 ff.; ähnlich *Laubenthal/Baier/Nestler*, Rn. 602 a. E.

[174] Vgl. nur *Meier/Rössner/Schöch*, § 7 Rn. 33; *Brunner/Dölling*, JGG, § 45 Rn. 3; a. A. *Eisenberg*, JGG, § 45 Rn. 9 ff.

[175] S. *Meier/Rössner/Schöch*, § 7 Rn. 34; s. auch die Zahlenangaben bei *Ostendorf*, JGG, Grdl. zu den §§ 45 und 47, Rn. 7.

aa) Einstellung durch die Staatsanwaltschaft

Eine **Einstellung gem. § 45 I JGG** kann die Staatsanwaltschaft ohne Zustimmung des Gerichts vornehmen, wenn die Voraussetzungen des § 153 I StPO vorliegen, also ein Vergehen im Sinne von § 12 I StGB, geringe Schuld sowie ein fehlendes öffentliches Interesse an der Strafverfolgung. Ist ein TOA bereits durchgeführt, kann dies in die Gesamtbewertung der geringen Schuld sowie des fehlenden öffentlichen Interesses einfließen. Der Wortlaut („kann") weist aber darauf hin, dass es sich insoweit um eine Ermessensentscheidung handelt.

Anders ist dies bei der **Einstellung gem. § 45 II JGG**. Hier „sieht" die Staatsanwaltschaft von der Verfolgung ab, wenn eine „erzieherische Maßnahme" jeglicher Art bereits durchgeführt oder zumindest eingeleitet wurde und die Staatsanwaltschaft weder eine Einschaltung des Richters nach Abs. 3 noch eine Anklage für erforderlich hält. Hier zeigt sich deutlich die erzieherische Ausrichtung des Jugendstrafrechts, wenn andere Erziehungsmaßnahmen (etwa von Seiten der Eltern oder der Schule) als funktionales Äquivalent einer staatlichen Sanktion anerkannt werden. Im Unterschied zu Abs. 1 besteht hier keine Beschränkung auf Vergehen, selbst bei Verbrechenstatbeständen kann also eine Einstellung erfolgen.

Um die Bedeutung des **TOA** zu betonen, ist in **§ 45 II 2 JGG** ausdrücklich festgehalten, dass das entsprechende Bemühen des Täters einer „erzieherischen Maßnahme" gleichzustellen ist. Von wem die Initiative zum TOA ursprünglich ausging, ob vom Täter bzw. seinen Eltern, vom Opfer oder von der Staatsanwaltschaft, ist irrelevant; denn die erhoffte erzieherische Wirkung des Verfahrens hängt davon nicht ab. Zwar ist umstritten, inwiefern auch die **Staatsanwaltschaft** eine **Anregungskompetenz** hat, gerade im Hinblick auf den etwas stärker formalisierten Weg über § 45 III JGG. Richtigerweise spricht aber zumindest beim TOA, der in § 45 II 2 JGG besonders hervorgehoben wird, nichts gegen eine solche Anregung[176], die richtigerweise auch von Seiten der **Polizei** erfolgen kann[177], solange dabei deutlich bleibt, dass keine Verpflichtung besteht und eine Weigerung des Jugendlichen diesem im weiteren Verfahren nicht zur Last gelegt wird.[178]

Die **Einstellung gem. § 45 III JGG** setzt zunächst ein **Geständnis** des Jugendlichen voraus, darüber hinaus, dass der Staatsanwalt beim Jugendrichter eine Verwarnung oder die Erteilung von bestimmten **Weisungen** bzw. **Auflagen** anregt, weil er dies zwar für erforderlich, im Übrigen aber eine Anklageerhebung für verzichtbar hält. Sowohl die **Weisung**, sich um einen **TOA** zu bemühen (§ 10 I 3 Nr. 7 JGG) als auch die **Auflage**, **Schadens-**

---

[176] So auch die h. M., s. zum Ganzen *Streng*, Jugendstrafrecht, Rn. 178 ff.; *Meier/Rössner/Schöch*, § 7 Rn. 15 ff.

[177] *Meier/Rössner/Schöch*, § 7 Rn. 14; a. A. *Laubenthal/Baier/Nestler*, Rn. 159

[178] Zur (relativ) freiwilligen Teilnahme s. allgemein *Meier/Rössner/Schöch*, § 6 Rn. 26.

wiedergutmachung zu leisten (§ 15 I Nr. 1 JGG), kommen dabei in Betracht. Wie bei § 153a StPO erfolgt die endgültige Einstellung erst, nachdem der Jugendliche die Weisung oder Auflage erfüllt hat.

Diese Einstellungsvariante hat für den Täter den Vorteil, dass eine **erneute Strafverfolgung** in derselben Sache nur aufgrund **neuer Tatsachen oder Beweismittel** zulässig ist (s. § 45 III 4 JGG i. V. m. § 47 III JGG). Dennoch spielt § 45 III JGG in der Praxis keine wesentliche Rolle, vermutlich deshalb, weil das Verfahren durch die notwendige Einschaltung des Richters deutlich **umständlicher und zeitaufwändiger** ist als der Weg über § 45 II JGG. Im Hinblick auf den TOA ist das nicht zu bedauern; denn zwar ist eine zwangsweise Durchsetzung der Auflagen und Weisungen hier nicht vorgesehen, da § 11 III JGG ausdrücklich nicht gilt (s. § 45 III 3 JGG). Dennoch wird sich der jugendliche Täter bei einem mit richterlicher Autorität angemahnten TOA in vielen Fällen zur Mitwirkung gedrängt fühlen. Von einer in Ansätzen freiwilligen Entscheidung des Täters zur Teilnahme (die wiederum für die Entscheidung des Opfers, sich auf den TOA einzulassen, relevant sein dürfte), bleibt dann nicht viel übrig.

bb) Einstellung durch das Gericht

Ist die Anklage erhoben, kann das Gericht das Verfahren nach **§ 47 I JGG** einstellen, wobei die in Bezug auf den TOA relevanten Einstellungsvarianten denjenigen in § 45 I–III JGG nachgebildet sind. § 47 JGG stellt somit die **„Verlängerung" von § 45 JGG** auf gerichtlicher Ebene dar.

Denkbar ist zunächst eine **Einstellung nach § 47 I 1 Nr. 1 JGG**, wenn die Voraussetzungen von § 153 StPO vorliegen (Vergehen, geringe Schuld, kein öffentliches Interesse an der Strafverfolgung). Auf die mögliche Relevanz des TOA wurde oben bereits hingewiesen.

Eine **Einstellung nach § 47 I 1 Nr. 2 JGG** kommt in Betracht, wenn eine erzieherische Maßnahme (wozu auch ein TOA zählt) bereits durchgeführt oder eingeleitet wurde und diese eine Entscheidung durch Urteil entbehrlich macht. Schließlich kann eine **Einstellung gem. § 47 I 1 Nr. 3 JGG** erfolgen, wenn der Richter eine Entscheidung durch Urteil für entbehrlich hält und gegen den geständigen Jugendlichen eine der in § 45 III 1 JGG genannten Maßnahmen anordnet.

Für die Durchführung bzw. Erfüllung der im Raum stehenden erzieherischen Maßnahmen, Auflagen oder Weisungen kann der Richter mit Zustimmung des Staatsanwalts das Verfahren **vorläufig einstellen** und dem Jugendlichen eine **Frist von höchstens sechs Monaten** einräumen (§ 47 I 2 JGG). Diese Entscheidung ergeht gem. § 47 I 3, 4 JGG durch einen nicht anfechtbaren **Beschluss**. Sind die angesprochenen Maßnahmen durchgeführt worden, wird das Verfahren endgültig eingestellt; eine zwangsweise Durchsetzung ist (wie bei § 45 II, III JGG) ausdrücklich nicht vorgesehen (§ 47 I 5, 6 JGG).

Für die Einstellung ist die **Zustimmung des Staatsanwalts** erforderlich, sofern dieser nicht bereits der vorläufigen Einstellung zugestimmt hat (§ 47 II 1 JGG). Der (nicht anfechtbare) Einstellungsbeschluss kann auch **innerhalb der Hauptverhandlung** ergehen (§ 47 II 2, 3 JGG).

Nach erfolgter Einstellung erwächst die Entscheidung gem. **§ 47 III JGG partiell** in **Rechtskraft**. Das bedeutet, dass wegen derselben Tat nur dann erneut Anklage erhoben werden darf, wenn neue Tatsachen oder Beweismittel vorliegen.

b) Auflagen und Weisungen

Wie oben bereits erwähnt, besteht im Jugendstrafrecht die Möglichkeit, TOA und Schadenswiedergutmachung zum Inhalt einer **formellen jugendstrafrechtlichen Sanktion** zu machen. So kann der Richter dem jugendlichen (oder heranwachsenden) Straftäter die **Weisung** erteilen, sich um einen Ausgleich mit dem Verletzten zu bemühen **(§ 10 I 3 Nr. 7 JGG)** oder die **Auflage**, den Schaden „nach Kräften" wieder gut zu machen **(§ 15 I 1 Nr. 1 JGG)** bzw. sich beim Tatopfer zu entschuldigen **(§ 15 I 1 Nr. 2 JGG).** Die genannten Sanktionen können gem. **§ 105 I JGG** auch gegen **Heranwachsende** verhängt werden, sofern auf diese Jugendstrafrecht angewendet wird.

Die theoretische Differenzierung von Auflagen und Weisungen, wonach erstere der Ahndung des Unrechts dienen, während letztere eine spezifische erzieherische Einwirkung beinhalten sollen[179], spielt gerade im Bereich des TOA keine entscheidende Rolle, da auch Schadenswiedergutmachung und Entschuldigung mit ihrem Bezug zur Tat und den Folgen für das Opfer ein klares erzieherisches Element beinhalten.

Beiden Sanktionsformen ist gemeinsam, dass sie (wie es auch sonst bei formellen strafrechtlichen Sanktionen der Fall ist) **zwangsweise durchgesetzt** werden können. Das bedeutet im hiesigen Kontext, dass der Täter bei Nichterfüllung der Weisung oder Auflage mit bis zu vier Wochen **Ungehorsamsarrest** gem. § 11 III JGG (ggf. i. V. m. § 15 III 3 JGG) rechnen muss. Dabei handelt es sich um keine Ersatzsanktion, vielmehr müssen Weisungen gem. § 10 JGG auch nach einem Ungehorsamsarrest weiter erfüllt werden; nur im Bereich des § 15 JGG hat der Richter gem. Abs. 3 S. 4 JGG die Möglichkeit, nach Verbüßung des Arrests die Auflage für erledigt zu erklären.

Gerade in dieser **Zwangswirkung** liegt das **Problem** der Vorschriften.[180] Der auf einer gewissen Einsicht in die eigene Schuld und einer Offenheit des Täters für den persönlichen Austausch beruhende TOA setzt eine in

---

[179] S. *Meier/Rössner/Schöch*, § 8 Rn. 1.

[180] Zu einer positiveren Bewertung kommt *Meier*, S. 364, der auf den für das Jugendstrafrecht typischen Erziehungsgedanken verweist.

Ansätzen **freiwillige Teilnahme** voraus.[181] Nur dann ist es auch dem Opfer zumutbar, sich mit dem Täter u. U. im Rahmen einer persönlichen Begegnung an einen Tisch zu setzen. Andernfalls droht ein Leugnen der Tat und ggf. auch eine Abwälzung der Schuld auf das Opfer. Insofern ist es nur folgerichtig und nicht zu kritisieren, dass in der Praxis von § 10 I 3 Nr. 7 JGG sehr wenig Gebrauch gemacht wird und die Vorschrift „totes Recht" geblieben ist.[182] Dem freiwilligen TOA gebührt eindeutig der Vorrang.

Das gilt auch und erst recht für die **Auflage der Entschuldigung** – es ist nicht ersichtlich, welchen erzieherischen oder friedensstiftenden Sinn eine widerwillig durch staatliche Autorität erzwungene Entschuldigung haben soll.[183] Sie kommt daher nur in Betracht, wenn vorab die Bereitschaft des Jugendlichen zum Ausspruch der Entschuldigung sichergestellt wurde. Zugleich sollte die Bereitschaft des Opfers zur Annahme der Entschuldigung geklärt werden, um eine erzieherisch kontraproduktive Demütigung des Jugendlichen zu vermeiden.[184] In der Praxis spielt die Auflage der Entschuldigung keine Rolle.[185]

Die aufgezeigte Problematik ist bei der Auflage der **Schadenswiedergutmachung**, die ohne persönlichen Kontakt abgewickelt werden kann, zwar weniger gravierend. Wie im allgemeinen Strafrecht ist auch hier für die Höhe des zu zahlenden Geldbetrags das zivilrechtlich Geschuldete ausschlaggebend.[186] Angesichts der sehr **begrenzten finanziellen Mittel** von jugendlichen Tätern droht hier aber ein Leerlaufen der Auflage, die über den Umweg des § 11 III JGG (allerdings nur bei schuldhafter Nicht-Erfüllung) zu vermeidbaren Arrestverbüßungen führen kann. Die finanziellen Möglichkeiten des Täters müssen hier also vorab sorgfältig geprüft werden; bei nachträglich auftretenden Zahlungsschwierigkeiten sollte eher an eine Änderung der Auflage gem. § 15 III 1 JGG (etwa im Sinne von Arbeitsleistungen) als an einen Ungehorsamsarrest gedacht werden. In der Praxis wird eher selten zu dieser Form der Auflage gegriffen.[187]

c) TOA und Jugendstrafe

Die **Jugendstrafe** ist die einzige **„echte Kriminalstrafe"** des Jugendstrafrechts, was sich u. a. daran zeigt, dass nur sie (anders als die sonstigen formellen Sanktionen einschließlich des Jugendarrests) ins Bundeszentralre-

[181] Kritisch daher auch *Schöch* ZJJ 2012, 247.
[182] *Meier/Rössner/Schöch*, § 9 Rn. 14 sowie § 6 Rn. 26.
[183] Kritisch auch *Ostendorf*, JGG, § 15 Rn. 11.
[184] *Laubenthal/Baier/Nestler*, Rn. 693.
[185] *Streng*, Jugendstrafrecht, Rn. 403.
[186] Vgl. nur *Laubenthal/Baier/Nestler*, Rn. 688; *Eisenberg*, JGG, § 15 Rn. 13.
[187] S. *Streng*, Jugendstrafrecht, Rn. 402: Im Jahr 2009 kam es zu 3.386 Anordnungen.

gister eingetragen wird. Sie kommt gem. § 105 I JGG auch bei **heranwachsenden Tätern** in Betracht, auf die Jugendstrafrecht angewendet wird. Es handelt sich um den gravierendsten Freiheitseingriff innerhalb des jugendstrafrechtlichen Sanktionsspektrums, den die Sanktionierten zu gegenwärtigen haben, der zugleich naheliegender Weise eine große Belastung für ein zukünftiges Leben in der Gesellschaft darstellen kann. Insofern wird von der Jugendstrafe in der Praxis zu Recht nur zurückhaltend im Sinne einer echten **„ultima ratio"** Gebrauch gemacht. Hält man sich die in § 17 II JGG geregelten Voraussetzungen der Jugendstrafe vor Augen, wird deutlich, dass der TOA dazu einen (wenn auch bescheidenen) Beitrag leisten kann.

aa) TOA und Jugendstrafe wegen schädlicher Neigungen

Die Verhängung von Jugendstrafe kommt zunächst in Betracht, wenn in der Tat des Jugendlichen sogenannte **„schädliche Neigungen"** zu Tage getreten sind **(§ 17 II 1. Alt. JGG)**, so dass eine mildere Sanktionierung mit Erziehungsmaßregeln oder Zuchtmitteln nicht ausreicht. Schädliche Neigungen[188] liegen nach der Rechtsprechung beim Täter vor, wenn „erhebliche Anlage- oder Erziehungsmängel die Gefahr begründen, dass er ohne längere Gesamterziehung durch weitere Straftaten die Gemeinschaftsordnung stören wird".[189] Hier kommt sehr deutlich die spezialpräventive Ausrichtung der Jugendstrafe zum Ausdruck, also die Annahme einer **intensiven erzieherischen Einwirkung** und „Besserung" des Jugendlichen durch die Jugendstrafe (natürlich verbunden mit dem Effekt der Sicherung während des Vollzugs der Jugendstrafe). Dem entspricht § 18 II JGG, wonach die Jugendstrafe so zu bemessen ist, dass ihre erzieherische Wirkung „möglich" ist.

Unabhängig von der sehr umstrittenen und insgesamt eher skeptisch beurteilten Frage, ob die Annahme der besonderen erzieherischen Wirkung von Jugendstrafe berechtigt ist, liegt die **Relevanz eines TOA** in diesem Zusammenhang auf der Hand. Angesichts der Zukunftsorientierung des Erziehungsgedankens geht es bei der Beurteilung der schädlichen Neigungen um den aktuellen status quo des Täters zum Zeitpunkt der Aburteilung.[190] Hat er mit dem TOA zwischenzeitlich Verantwortung für die Tat übernommen und ein Verfahren durchlaufen, dem tendenziell ein erzieherischer Lerneffekt zukommt[191], kann das die Annahme gravierender „Erziehungsmängel" in der Person des Täters und damit zusammenhängend das Bedürfnis nach „Gesamterziehung" durch Jugendstrafe erschüttern. Zumin-

[188] Zur Kritik an dieser Terminologie s. nur *Eisenberg*, JGG, § 17 Rn. 18; *Walter/Wilms* NStZ 2007, 7 f.
[189] BGHSt 11, 170.
[190] *Meier/Rössner/Schöch*, § 11 Rn. 10 mwN.
[191] Zu den empirischen Erkenntnissen in dieser Hinsicht s. unten C. I. 1. b).

dest in Grenzfällen kann also gerade ein TOA (selbst bei schweren Straftaten) die Voraussetzungen der Jugendstrafe aufgrund schädlicher Neigungen entfallen lassen.[192] Im Übrigen muss er zwingend bei der gem. § 18 II JGG am „Erziehungsbedarf" ausgerichteten Bemessung der Jugendstrafe berücksichtigt werden und zu einer entsprechenden Reduzierung führen.

bb) TOA und Jugendstrafe wegen Schwere der Schuld

Scheinbar unabhängig von Erziehungsmängeln in der Person des Täters kommt Jugendstrafe gem. **§ 17 II 2. Alt. JGG** auch allein aufgrund **„Schwere der Schuld"** in Betracht. Gemeint sind damit Straftaten, bei denen das Ausbleiben von Jugendstrafe das Gerechtigkeitsgefühl der Allgemeinheit nachhaltig erschüttern würde, insbesondere Kapitalverbrechen wie Mord und Totschlag.[193] Ausschlaggebend soll nach der Rechtsprechung des BGH nicht die äußere (objektive) Schwere der Tat sein, sondern eher die **subjektive Vorwerfbarkeit der Tat** im Hinblick auf die Einstellung und Beweggründe des Täters.[194]

Dabei wird nach h. M. der Strafzweck der Schuldvergeltung[195], richtigerweise eher der Strafzweck der **positiven Generalprävention** angesprochen, der auf die Wiederherstellung des Rechtsfriedens abzielt.[196] Inwieweit gerade bei längeren Jugendstrafen daneben auch der Erziehungszweck eine Rolle spielt, ist sehr umstritten; der Wortlaut des oben erwähnten § 18 II JGG spricht dafür, ihn nicht ganz auszublenden, das systematische Verhältnis der Alternativen in § 17 II JGG eher für eine **eigenständige Bedeutung des Schuldschwere-Kriteriums.**[197]

Geht man wie hier davon aus, dass die Durchführung eines TOA ein **wichtiger Strafmilderungsgrund** sein kann, was der Wertung von § 46a StGB entspricht, so liegt es nahe, dass dadurch auch die Beurteilung der Schwere der Schuld beeinflusst wird. Die zumindest partielle Wiederherstellung des Rechtsfriedens durch den TOA kann (wiederum: zumindest in Grenzfällen) das Bedürfnis nach einer Jugendstrafe vollständig entfallen lassen.[198] Abgesehen davon muss der TOA zwingend bei der Bemessung der Jugendstrafe berücksichtigt werden, da ihm eine **Doppelrelevanz** sowohl im Hinblick auf die Schwere der Schuld als auch auf den angenommenen Erziehungsbedarf zukommt. Die Bedeutung des TOA ist daher unabhängig

---

[192] So auch *Meier/Rössner/Schöch*, § 9 Rn. 15.
[193] *Meier/Rössner/Schöch*, § 11 Rn. 12.
[194] BGHSt 15, 226; BGH NStZ 2012, 164.
[195] Vgl. nur Meier/Rössner/Trüg/Wulf/*Laue*, JGG, § 17 Rn. 22 sowie 28 mwN.
[196] S. dazu näher *Kaspar*, in Festschrift für Schöch, 2010, S. 209 ff.
[197] So auch die Tendenz in der neueren Rechtsprechung des BGH, s. dazu zusammenfassend *Meier/Rössner/Schöch*, § 11 Rn. 16 mwN.
[198] Vgl. *Meier/Rössner/Schöch*, § 9 Rn. 15.

von der umstrittenen Beziehung dieser beiden Aspekte im Rahmen der Bemessung der Jugendstrafe wegen Schwere der Schuld.

cc) Bedeutung von § 46a StGB im Jugendstrafrecht

Ob über die bereits erwähnten Normen des JGG hinaus auch **§ 46a StGB im Jugendstrafrecht** Anwendung finden kann, ist unklar. Dafür könnte die allgemeine Verweisungsnorm in § 2 II JGG sprechen, wonach die „allgemeinen Vorschriften" einschließlich des StGB gelten, soweit im JGG nichts anderes geregelt ist. Eine Spezialnorm zur strafmildernden Berücksichtigung des TOA im Rahmen der Jugendstrafe existiert nicht, so dass einer Anwendung scheinbar nichts im Wege steht.

Allerdings sind bei genauer Betrachtung die **Rechtsfolgen des § 46a StGB nicht ohne weiteres** auf die Jugendstrafe **übertragbar**. Denn dort ist, wie oben erläutert, in erster Linie eine vertypte **Strafrahmenmilderung** vorgesehen. Die Strafrahmen des allgemeinen Strafrechts gelten im Jugendstrafrecht aber nicht, wie man § 18 I 3 JGG entnehmen kann. Es existiert lediglich ein allgemeiner, für alle Straftaten geltender Rahmen der Jugendstrafe von 6 Monaten bis 5 Jahren, der sich im Ausnahmefall bei schweren Delikten auf eine Obergrenze von 10 Jahren erhöht (§ 18 I 2 3 JGG).[199] Eine „Absenkung" dieses vom Gesetzgeber allgemein fixierten Strafrahmens durch Anwendung von § 46a StGB ist nicht vorgesehen, so dass die Norm insoweit ins Leere läuft. Um jugendliche Straftäter in diesem Punkt aber nicht schlechter zu stellen, ist umso mehr darauf zu achten, dass der TOA, wie oben dargelegt, bei der Prüfung der Voraussetzungen sowie bei der Bemessung der Jugendstrafe ausreichend gewürdigt wird.

Damit ist noch nicht gesagt, ob nicht zumindest die Möglichkeit des **Absehens von Strafe** gem. **§ 46a StGB** auch im Jugendstrafrecht über die Brückennorm des § 2 II JGG anwendbar ist (was zugleich die zusätzliche Möglichkeit der Einstellung gem. § 153b StPO eröffnen würde). Eine vergleichbare Regelung zum Absehen von Strafe existiert im Jugendstrafrecht nicht. Und in der Tat wäre es merkwürdig, wenn in einer Konstellation, in der bei einem erwachsenen Täter jedes Strafbedürfnis aufgrund des durchgeführten TOA entfiele, dennoch eine Jugendstrafe verhängt würde.[200] In diesen Extremfällen dürften dann richtigerweise aber schon die Voraussetzungen der Jugendstrafe nicht vorliegen, so dass sich die Frage des „Absehens von Jugendstrafe" gar nicht stellt. Gleiches gilt für die milderen Sanktionsformen unterhalb der Schwelle der Jugendstrafe (Erziehungsmaßregeln und Zuchtmittel). Die größere Flexibilität des Jugendstrafrechts im Vergleich zum allgemeinen Strafrecht zeigt sich also auch hier; ersteres enthält bereits auf der Seite der Voraussetzungen der Sanktionierung genügend

---

[199] Bei besonders schweren Delikten von Heranwachsenden erhöht sich die Obergrenze sogar auf 15 Jahre, vgl. § 105 III 2 JGG.

[200] So *Meier/Rössner/Schöch*, § 6 Rn. 27.

Stellschrauben, um reduzierte oder aufgehobene Straf- und Erziehungsbedürfnisse berücksichtigen zu können. Bedenkt man schließlich die große Reichweite der §§ 45 ff. JGG, besteht auch **kein Bedürfnis** nach einer zusätzlichen Einstellungsmöglichkeit gem. **§ 153b StPO**. Zusammenfassend kann man also sagen, dass § 46a StGB mangels sinnvollen praktischen Anwendungsbereichs im Jugendstrafrecht kaum unmittelbar relevant werden dürfte, sehr wohl aber die in ihm enthaltene Wertung, dass der TOA ein besonders wichtiger schuldmindernder Umstand ist, der zwingend auch Einfluss auf die Verhängung und Bemessung einer Jugendstrafe haben muss.

3. TOA und Bewährungsentscheidungen

Eine praktisch für den Verurteilten äußerst relevante Frage ist die **Aussetzung** einer verhängten Freiheitsstrafe zur **Bewährung.** Auch hier kann der TOA (einschließlich der materiellen Schadenswiedergutmachung[201]) in verschiedener Weise relevant werden.

a) TOA und Bewährungsvoraussetzungen

Zunächst kann sich ein **bereits erfolgter TOA** auf der Ebene der **Bewährungsvoraussetzungen** auswirken, wobei zwischen allgemeinem Strafrecht und Jugendstrafrecht zu unterscheiden ist.

aa) Allgemeines Strafrecht

Gem. § 56 I 1 StGB kann eine **Freiheitsstrafe,** die **nicht über 1 Jahr** hinausgeht, zur Bewährung ausgesetzt werden, wenn der Verurteilte „sich schon die Verurteilung zur Warnung dienen lassen und künftig auch ohne die Einwirkung des Strafvollzugs keine Straftaten mehr begehen wird“. Für die erforderliche **positive Legalprognose** ist nach Satz 2 der Vorschrift „namentlich“ auch auf das Verhalten des Täters nach der Tat zu achten, was (wie bei § 46 II StGB) stets auch Wiedergutmachungsbemühungen umfasst.

Eine **Freiheitsstrafe** von über einem Jahr und **nicht mehr als 2 Jahren Dauer** erfordert gem. § 56 II StGB neben dieser günstigen Legalprognose noch die Feststellung **„besonderer Umstände“**, die im Wege einer Gesamtwürdigung von Tat und Persönlichkeit des Verurteilten zu treffen ist. Hier wurde vom Gesetzgeber in **§ 56 II 2 StGB** als einziger Aspekt das „**Bemühen** des Verurteilten, den durch die Tat verursachten **Schaden wiedergutzumachen“** eigens hervorgehoben – ein weiterer Beleg für die besondere Bedeutung des TOA im Rahmen der Strafzumessung.

Schließlich ist noch das Ausschlusskriterium der **„Verteidigung der Rechtsordnung“** in **§ 56 III StGB** zu nennen, das bei einer Freiheitsstra-

---

[201] Zum weiten Begriff des TOA s. oben I. 1.

fe von mindestens 6 Monaten einer Aussetzung entgegenstehen kann. Es wird als Hinweis auf die Generalprävention, insbesondere in ihrer positiven Variante, verstanden. Entscheidend ist somit, ob die Aussetzungsentscheidung das Vertrauen der Bevölkerung in die Rechtsordnung erschüttern würde und dadurch der Rechtsfrieden gefährdet wäre. Nach dem oben Gesagten kann aber gerade die Durchführung eines TOA eine positiv-generalpräventive Wirkung entfalten und damit entsprechende Bedenken im Hinblick auf eine Aussetzung der Freiheitsstrafe zur Bewährung zerstreuen.

bb) Jugendstrafrecht

Die **Aussetzung einer Jugendstrafe bis zu 1 Jahr** ist in **§ 21 I JGG** geregelt. Dort wird – insofern vergleichbar zur Regelung im allgemeinen Strafrecht – entscheidend auf die **positive Legalprognose** abgestellt, die durch einen bereits erfolgten TOA untermauert werden kann. Eine dem § 56 III StGB vergleichbare Regelung, wonach die Aussetzung aus Gründen der „Verteidigung der Rechtsordnung" ausgeschlossen werden kann, existiert im Jugendstrafrecht nicht. Eine Abweichung im Vergleich zum allgemeinen Strafrecht findet sich auch bei der **Aussetzung der Jugendstrafe bis zu 2 Jahren**, die nicht von der Feststellung „besonderer Umstände" abhängig ist. Hier erfolgt gem. **§ 21 II JGG** (als Regelfall[202]) eine Aussetzung zur Bewährung, „wenn nicht die Vollstreckung im Hinblick auf die Entwicklung des Jugendlichen geboten ist". Hier wird also nicht auf Schuldaspekte oder Generalprävention, sondern allein auf den spezialpräventiven Erziehungsbedarf abgestellt, der einer Aussetzung entgegenstehen kann. Auch hier fließt ein bereits durchgeführter TOA als positives Nachtatverhalten in die erforderliche Gesamtwürdigung ein, auch wenn eine § 56 II 2 StGB entsprechende Regelung fehlt.[203]

Das Jugendstrafrecht sieht darüber hinaus noch **zwei besondere Aussetzungsvarianten** vor, die im allgemeinen Strafrecht nicht existieren.

So kann der Richter gem. **§ 27 JGG** bereits die **Verhängung** (nicht erst die Vollstreckung!) **der Jugendstrafe zur Bewährung aussetzen**, wenn er „schädliche Neigungen" beim Jugendlichen nicht sicher feststellen kann. Er setzt dann eine Bewährungszeit fest, während der er die weitere Entwicklung des Jugendlichen beobachten kann; erst bei Ablauf der Bewährungszeit wird sodann endgültig über die Verhängung der Jugendstrafe entschieden. Stellt sich – insbesondere durch „schlechte Führung" des Jugendlichen heraus, dass „schädliche Neigungen" vorliegen, wird gem. § 30 I JGG auf Jugendstrafe erkannt. Ist dies nicht der Fall – und hier spielt natürlich **positives Nachtatverhalten** wie die Durchführung eines **TOA**

---

[202] Vgl. Meier/Rössner/Trüg/Wulf/*Meier*, JGG, § 21 Rn. 20.
[203] So auch *Meier/Rössner/Schöch*, § 9 Rn. 15.

als Teil „guter Führung" eine wichtige Rolle – wird gem. § 30 II JGG auf die Verhängung der Jugendstrafe verzichtet und der Schuldspruch getilgt.

Als weitere Aussetzungsform kennt das Jugendstrafrecht die erst seit 2012 ausdrücklich gesetzlich normierte **„Vorbewährung" gem. §§ 61 ff. JGG.** Nach § 61 I JGG kann der Richter die Aussetzungsentscheidung einem nachträglichen Beschluss vorbehalten, wenn die positive Legalprognose des § 21 I 1 JGG zwar noch nicht mit hinreichender Sicherheit getroffen werden kann, zugleich aber „aufgrund von Ansätzen in der Lebensführung des Jugendlichen oder sonstiger bestimmter Umstände" zu erwarten ist, dass dies in absehbarer Zeit möglich sein wird. Die konkret geplante, demnächst bevorstehende Durchführung des TOA stellt als potenziell erzieherisch wirkende Maßnahme einen solchen weiteren Umstand dar.

b) TOA als Inhalt von Auflagen und Weisungen

Ist noch kein TOA durchgeführt worden und liegen gleichzeitig die Bewährungsvoraussetzungen vor, kann das Gericht den TOA (im weiten Sinne, einschließlich der materiellen Schadenswiedergutmachung) zum Inhalt von **Weisungen und Auflagen** machen.

Nach **§ 56b II Nr. 1 StGB** kann das Gericht dem Verurteilten die **Auflage** erteilen, „nach Kräften den durch die Tat verursachten **Schaden wiedergutzumachen**". Wie der Wortlaut „nach Kräften" nahelegt und was zusätzlich durch die Zumutbarkeitsklausel in § 56b I 2 StGB betont wird, muss dabei von vornherein darauf geachtet werden, den Verurteilten je nach seiner finanziellen Situation nicht zu überfordern – immerhin droht hier bei Nichterfüllung der Widerruf der Aussetzung gem. § 56f I 1 Nr. 3 StGB. Das kann zum Verlust des Arbeitsplatzes führen und würde sich dann im Hinblick auf die Entschädigung des Opfers kontraproduktiv auswirken. Um eine **Konkurrenz von Opferentschädigung** und **strafrechtlicher Sanktionierung** zu vermeiden, hat der Gesetzgeber darüber hinaus in § 56b I 2 StGB geregelt, dass die Zahlung eines Geldbetrags an die Staatskasse nur dann als Auflage festgesetzt werden soll, wenn dadurch die Schadenswiedergutmachung nicht gefährdet wird.

Der Katalog der möglichen **Weisungen** in **§ 56 c II StGB** enthält zwar keinen Hinweis auf den TOA im engen Sinn, ist aber, wie der Wortlaut deutlich macht („namentlich") nicht abschließend. Auf die Problematik eines zwangsweise angeordneten TOA, der hier sogar mit dem drohenden Widerruf der Strafaussetzung gem. § 56f I 1 Nr. 2 StGB verbunden ist, wurde oben bereits hingewiesen. Vorzugswürdig erscheint es, die Bereitschaft zur freiwilligen Durchführung des TOA gem. § 56c IV zu eruieren und bei Erwartung der Einhaltung einer entsprechenden Zusage vorläufig von einer förmlichen Weisung abzusehen.

Entsprechende Weisungen oder Auflagen sind im Bereich der Frage der **Aussetzung des Restes** einer bereits teilweise verbüßten zeitigen oder lebenslangen **Freiheitsstrafe** möglich (vgl. § 57 III 1, 57a III 2 StGB).

Auch das **Jugendstrafrecht** sieht die Möglichkeit vor, im Rahmen der Bewährungsentscheidung eine **TOA-Weisung** (§ 23 I i. V. m. §10 I 3 Nr. 7 JGG) bzw. **Schadenswiedergutmachungsauflage** (§ 23 I i. V. m. § 15 I 1 Nr. 1 JGG) anzuordnen. Über die Verweisungsnormen in § 29 S.2 und § 61b I 1 JGG gilt das auch für die Aussetzung der Verhängung der Jugendstrafe sowie die Vorbewährung.

4. TOA im Strafvollzug

Wie oben ausgeführt, ist ein TOA während sämtlicher Stadien des Verfahrens möglich, also auch nach Anklageerhebung oder Verurteilung in erster Instanz. Eher wenig diskutiert wird die Frage, ob ein TOA auch dann noch sinnvoll sein kann, wenn der Täter rechtskräftig zu einer Freiheitsstrafe verurteilt wurde und diese bereits verbüßt.[204] Das Konzept einer **opferbezogenen Vollzugsgestaltung**, das naheliegenderweise auch den TOA erfassen müsste, wird schon seit einiger Zeit gefordert.[205] Nach wie vor mangelt es aber an einer konsequenten bundesweiten Umsetzung, auch wenn einzelne Länder wie insbesondere Nordrhein-Westfalen hier mit gutem Beispiel vorangehen.[206]

Gegen den **TOA im Strafvollzug** scheint auf den ersten Blick zu sprechen, dass durch das Urteil der **Rechtsfrieden wiederhergestellt** ist und zugleich **kein Anreiz** für den Täter mehr besteht, sich durch einen TOA eine Strafmilderung zu verdienen.

Auf der anderen Seite ist zu bedenken, dass sich eine **friedensstiftende Wirkung** des Urteils für das Opfer oder dessen Angehörige gerade bei schweren Delikten **nicht automatisch** einstellt, sondern nur idealerweise und möglicherweise auch erst nach längerem Zeitablauf. Justizielle und persönliche Verarbeitung vollziehen sich in aller Regel nicht im selben Tempo. Daher ist es denkbar, dass sich Opfer von Straftaten erst sehr spät zu einem Ausgleichsverfahren mit dem Täter bereit sehen und das Verfahren zu diesem Zeitpunkt dann einen wichtigen Beitrag zur Aufarbeitung der Tat darstellen kann. Auch hier besteht natürlich strikte Freiwilligkeit – aber für den Fall, dass das Opfer sich zur Teilnahme bereit erklärt, ist aus dieser Perspektive kein Grund ersichtlich, warum man ein entsprechendes Angebot nicht vorhalten sollte.

---

[204] S. aber *Matt/Winter* NK 2002, 130 ff.; *Mühlfeld*, S. 220 ff.; *Kaspar* ZfStrVo 2005, 85 ff.

[205] Vgl. nur *Wulf* ZfStrVo 1985, 67 ff.

[206] S. dazu *Walter/Gelber* BewHi 2013, 5 ff. sowie *Schöch,* in: Gedächtnisschrift für Michael Walter, 2014.

Betrachtet man die Täterseite, so wird schnell deutlich, dass sich die Durchführung eines TOA hervorragend mit dem **Vollzugsziel der Resozialisierung** in Einklang bringen lässt.[207] Letzteres ist in sämtlichen Strafvollzugsgesetzen der Länder verankert (z. B. in Art. 3 BayStVollzG) und besagt, dass die Behandlung im Strafvollzug die Aufgabe hat, zu einem straffreien Leben des Täters beizutragen.[208] Auch der vom Erziehungsgedanken geprägte Jugendstrafvollzug ist in ganz vergleichbarer Weise für eine Integration des TOA geeignet.[209]

Ein TOA könnte sich idealerweise in zweierlei Hinsicht auswirken. Zunächst ist der auf einer persönlich geprägten Konfrontation mit der Opferperspektive beruhende **Lerneffekt** zu nennen, der die gerade bei Strafgefangenen recht häufigen Neutralisations- und Verdrängungseffekte[210] (beispielsweise die Leugnung eigener Verantwortung oder eines relevanten Schadens beim Opfer[211]) durchbrechen könnte.

Nicht zu unterschätzen ist auch der mögliche Effekt der **Schuldenregulierung** durch eher materiell ausgerichtete **Schadenswiedergutmachung,** ganz unabhängig von einem persönlichen TOA-Verfahren. Wird mit dem Opfer noch während des Vollzugs eine Ratenzahlungsvereinbarung getroffen, kann der Inhaftierte noch vor seiner Entlassung seine Schulden reduzieren und sich damit den Start in das Leben nach der Haft erleichtern.

Auch besteht durchaus ein gewisser **Anreiz zur Teilnahme** für inhaftierte Straftäter.[212] Zwar kann er naturgemäß keine Milderung der Strafe im engen Sinne mehr erreichen. Dennoch wird das persönliche Verhalten im Vollzug, die Bereitschaft zur Auseinandersetzung mit der Tat und damit auch das Bemühen um einen TOA in die prognostische Gesamtbewertung einfließen, die für die Gewährung von **Vollzugslockerungen** und **Urlaub** sowie später für die Frage der **Reststrafenaussetzung** gem. §§ 57, 57a StGB entscheidend ist.[213] Der TOA wird dort zwingend zu beachten sein, auch wenn es keinen Automatismus gibt und man darauf achten sollte, keine falschen Hoffnungen bei den Inhaftierten zu wecken.

Prinzipielle Bedenken gegen den TOA im Strafvollzug lassen sich also ausräumen. Vor diesem Hintergrund ist es überzeugend und konsequent, dass die Strafvollzugsgesetze der Länder einzelne Regelungen zum TOA

---

[207] *Walter*, in: ders. u. a. (Hrsg.), Mediation und Konfliktmanagement, S. 482.

[208] S. im Kontext des TOA auch *Hartmann et al.* BewHi 2013, 42.

[209] S. dazu näher *Rössner* ZJJ 2005, 30 ff.; *Hartmann et al.* BewHi 2013, 44 ff.

[210] Vgl. *Rössner* TOA-Magazin 1/2013, 10; *Rössner/Klaus*, in: Dölling u. a. (Hrsg.), Täter-Opfer-Ausgleich in Deutschland, S. 96.

[211] Zu den Neutralisationstechniken s. *Kaiser/Schöch*, Fall 1 Rn. 49 ff. mwN.

[212] Vgl. *Joiko/Gelber* TOA-Magazin 1/2013, 15.

[213] S. *Kaspar* ZfStrVo 2005, 86.

enthalten.[214] Exemplarisch kann auf **Art. 78 II des bayerischen Strafvollzugsgesetzes** verwiesen werden (der über die Verweisungsnorm in Art. 122 BayStVollzG auch für den Jugendstrafvollzug gilt). Die Regelung befindet sich im Abschnitt über „Soziale und psychologische Hilfe" und beinhaltet die Zielsetzung, die Einsicht des Gefangenen in die Verantwortung für seine Tat, insbesondere für die „beim Opfer verschuldeten Tatfolgen" zu wecken. Weiter heißt es dort: „Die Gefangenen sind anzuhalten, den durch die Straftat verursachten Schaden zu regeln. Die Durchführung eines TOA ist in geeigneten Fällen anzustreben". Das enthält ein erfreulich klares Bekenntnis des Gesetzgebers zum TOA als Teil einer „opferbezogenen Vollzugsgestaltung" in Bayern.

Natürlich stellt sich die Frage der **praktischen Umsetzbarkeit des TOA** unter den schwierigen Bedingungen des Strafvollzugs. Das betrifft zunächst die (allerdings wohl lösbare) Frage passender **Räumlichkeiten** für direkte Ausgleichsgespräche, wenn sich beide Seiten dazu bereit erklären. Ganz generell ist aber mit begrenzten personellen Ressourcen und sonstigen **organisatorischen Schwierigkeiten** zu rechnen, was auch der Einschätzung einer Mehrheit von Vollzugsmitarbeitern entspricht, die zu den Möglichkeiten des TOA im Strafvollzug befragt wurden.[215]

Ein weiteres Problem dürfte die nur **schwache finanzielle Leistungsfähigkeit** vieler Inhaftierter sein, die mit einem Stundenlohn von (je nach Vergütungsstufe) höchstens etwa € 1,70[216] nicht in der Lage sind, größere Summen durch Arbeit im Strafvollzug zu verdienen.[217] Schließlich kann als offene Frage gelten, ob denn auf beiden Seiten überhaupt ein nennenswerter Bedarf für die (erneute) Befassung mit der Tat besteht.

Immerhin gibt es (wenn auch nur vereinzelte) **positive Erfahrungsberichte** aus dem europäischen **Ausland**. So wurde etwa in der **Schweiz** TOA im Strafvollzug im Rahmen des sog. „Berner Modells" erprobt, das eine enge Vernetzung der beteiligten staatlichen Fachstellen vorsah.[218] Von 679 angesprochenen Inhaftierten erklärten sich immerhin 74 (11 %) zur Teilnahme bereit; zum Untersuchungszeitpunkt waren 16 Verfahren erfolgreich abgeschlossen worden.

In **Belgien** wurde den Angehörigen der Opfer von Tötungsdelikten angeboten, sich zu einem persönlichen Gespräch mit dem inhaftierten Täter

---

[214] S. den Überblick bei *Laubenthal*, Rn. 170. Weiterführende Muster-Gesetzgebungsvorschläge finden sich bei *Walter/Gelber* BewHi 2013, 12 sowie *Rössner* TOA-Magazin 1/2013, 11.

[215] S. *Hartmann et al.* BewHi 2013, 46 ff.

[216] Vgl. *Arloth*, StVollzG, § 43 Rn. 15.

[217] *Laubenthal*, Rn. 168. Das hat sich im Bremer Projekt allerdings nicht als größeres Problem erwiesen, s. *Hartmann et al.* BewHi 2013, 53.

[218] S. zum Folgenden *Kaspar* ZfStrVo 2005, 89 f. mwN. S. auch den aktuellen Bericht bei *Schindler* TOA-Infodienst Nr. 43 (2012), 14 ff.

zu treffen. Eine unabhängige wissenschaftliche Evaluation dieses Ansatzes steht soweit ersichtlich noch aus, aber nach einem vorliegenden Fallbericht war dies tatsächlich ein sinnvoller Beitrag zur Tataufarbeitung.[219] Das ist zumindest ein Indiz für ein noch nicht ausreichend ausgeschöpftes Potenzial der friedensstiftenden Wirkung des TOA auch bei schwersten Delikten. Dass das Verfahren in diesem äußerst sensiblen Bereich sehr professionell gestaltet und ausreichend psychologisch begleitet werden muss, liegt auf der Hand, steht einer Erprobung aber nicht von vornherein entgegen.

In **Deutschland** gibt es bislang nur wenig **praktische Erfahrungen** mit dem TOA im Strafvollzug[220], allerdings ist in jüngerer Zeit eine deutliche Belebung zu beobachten.

In den 1990er Jahren wurden im Rahmen des **Projekts „Brückenschlag"** einige TOA-Verfahren in den Justizvollzugsanstalten Rottenburg und Ravensburg durchgeführt, ohne dass der TOA sich in der Folge im Strafvollzug etablieren konnte.[221]

Aus jüngerer Zeit zu nennen ist weiterhin ein Modellprojekt in **Bremen**, in dessen Rahmen in der Justizvollzugsanstalt Oslebshausen ein TOA angeboten wird.[222] Von September 2009 bis März 2012 zeigten sich 27 Inhaftierte bereit, an einem TOA mitzuwirken, ein gewisses (wenn auch bescheidenes Interesse) bestand hier also. Sieben Tatopfer erklärten sich zur Teilnahme bereit, was eine eher unterdurchschnittliche Beteiligungsquote darstellt. Auffällig und positiv hervorzuheben ist aber, dass in all diesen sieben Fällen der TOA erfolgreich abgeschlossen werden konnte. Dabei kam es in vier der sieben Fälle zu einem persönlichen Treffen von Täter und Opfer.

Seit 2013 werden im Rahmen eines EU-Projektes zum Thema „Restorative Justice nach der Verurteilung" in mehreren europäischen Ländern Projekte durchgeführt.[223] Auf deutscher Seite ist das Land **Schleswig-Holstein** beteiligt; durchgeführt werden hier unter anderem sog. „Straf-Tat-Dialog Gruppen" unter Beteiligung betroffener Tatopfer.[224]

In **Baden-Württemberg** führt das Justizministerium das Modellprojekt „Täter-Opfer-Ausgleich im Vollzug" durch.[225] Anhand vorab entwickelter Standards sollen bis Herbst 2014 in ausgewählten Haftanstalten Ausgleichsverfahren durchgeführt und im Rahmen einer Implementationsstudie eva-

---

[219] *Goosens*, in: Barabas u. a. (Hrsg.), Responsibilitytaking, relationshipbuilding and restoration in prison, S. 279 ff.

[220] S. dazu auch *Kaspar* ZfStrV0 2005, 88.

[221] Vgl. *Wulf* TOA-Magazin 1/2013, 19.

[222] S. zum Folgenden *Hartmann et al.* BewHi 2013, 52 ff.

[223] Zum Folgenden *Lummer* TOA-Magazin 1/2013, 30 ff.

[224] Vgl. die Ausführungen (mit Fallbeispiel) bei *Lummer* TOA-Magazin 1/2013, 32 ff.

[225] Zum Folgenden s. *Wulf* TOA-Magazin 1/2013, 19 ff.

luiert werden. Eine flächendeckende Einführung und Verstetigung des TOA im dortigen Strafvollzug soll angestrebt werden.[226]

Zu nennen ist schließlich ein Modellprojekt, das Ende 2013 in **Bayern** gestartet wurde. In der JVA Landsberg wird geeigneten Gefangenen die (für sie kostenlose) Durchführung eines TOA angeboten, der von einem Schlichter des privaten Vereins „Ausgleich e. V." in München durchgeführt wird. Als ungeeignet wurden dabei Täter von schwerer Gewaltdelinquenz sowie von Sexualdelikten eingestuft sowie Täter mit nicht ausreichenden deutschen Sprachkenntnissen und solche, die bereits einen TOA durchgeführt hatten.

Nach den bisherigen, nur vorläufigen Erfahrungen findet das Angebot bei einem überschaubaren, aber nicht ganz unerheblichen Teil der Inhaftierten Anklang.[227] Die Teilnahmebereitschaft der Opfer, die erst im Anschluss vom Verein „Ausgleich e. V." angesprochen werden, bleibt ebenso abzuwarten wie die Frage, ob am Ende der Ausgleichsverfahren für beide Seiten zufriedenstellende Ergebnisse erzielt werden können.

5. Einzelfragen

a) Mediationsgesetz und TOA

Mit der Schaffung des **Mediationsgesetzes**[228] hat der Gesetzgeber im Jahre 2012 die rechtlichen Rahmenbedingungen der Mediation kodifiziert. **§ 1 I MediationsG** enthält zunächst eine **Begriffsbestimmung**.[229] Danach ist Mediation ein „vertrauliches und strukturiertes Verfahren, bei dem Parteien mit Hilfe eines oder mehrerer Mediatoren freiwillig und eigenverantwortlich eine einvernehmliche Beilegung ihres Konflikts anstreben".

Dabei stellt sich die Frage, ob der **TOA** unter die Vorschriften dieses Gesetzes fällt. Das hätte praktische Konsequenzen, beispielsweise im Hinblick auf die in **§ 3 I MediationsG** geregelte Pflicht des Mediators, sämtliche Umstände, die seine Neutralität gefährden könnten, den Parteien zu offenbaren. Zu erwähnen ist auch das in **§ 3 II MediationsG** geregelte Verbot für Vermittler, in einer Sache tätig zu werden, in der sie zuvor bereits für eine der Parteien tätig geworden sind – zu denken wäre etwa an einen Psychologen, bei dem das Tatopfer in Behandlung ist und der nun einen TOA mit dem Täter durchführen will.

Weiterhin ist die in **§ 4 MediationsG** differenziert geregelte **Verschwiegenheitspflicht** des Mediators zu nennen. Danach unterliegt alles, was ihm im Mediationsverfahren bekannt wird und was nicht von vornher-

---

[226] *Wulf* TOA-Magazin 1/2013, 20.
[227] Vgl. die Falldokumentation unten D. Fall 6.
[228] BR-Drs. 377/12.
[229] Kritisch dazu *Risse* SchiedsVZ 2012, 245 f.

ein offenkundig ist (§ 4 I 3 Nr. 3 MediationsG), grundsätzlich der Verschwiegenheitspflicht. Als Ausnahme wird in § 4 I 3 Nr. 2 MediationsG eine Offenbarung aus Gründen der öffentlichen Ordnung, insbesondere zur Abwendung einer Gefährdung des Kindeswohles oder schwerwiegender Beeinträchtigungen dritter Personen, für zulässig erklärt. Die präventive Ausrichtung der genannten Beispiele spricht dagegen, dass der Mediator auch Informationen zu bereits begangenen Straftaten aus rein repressiven Gründen offenbaren dürfte.

Die Verschwiegenheitspflicht führt zu einem zivilprozessualen Zeugnisverweigerungsrecht der Mediatoren gem. § 338 I Nr. 6 ZPO.[230] Ein **strafprozessuales Zeugnisverweigerungsrecht** ist allerdings nicht vorgesehen[231] und kann mangels Dispositionsbefugnis auch nicht durch eine Vereinbarung der Parteien erzielt werden.[232] Hier bleibt es de lege lata dabei, dass lediglich bestimmte Berufsgruppen wie Rechtsanwälte (auch dann, wenn sie als Mediator tätig werden, vgl. § 18 BORA) oder Psychologen gem. § 53 StPO das Zeugnis verweigern dürfen.[233]

Für einen Einbezug in das MediationsG (das dann als lex specialis widersprechende berufsrechtliche Regelungen verdrängen würde[234]) könnte sprechen, dass der TOA oft ausdrücklich als **„strafrechtliche Variante“ der Mediation** bezeichnet wird.[235] Das ist zutreffend, da in vielen TOA-Verfahren mediative Elemente wie die Orientierung an den Interessen der Parteien sowie die Einschaltung eines neutralen Vermittlers vorliegen werden.[236] Allerdings ist das, wie oben erwähnt, nicht zwingend. Das Gesetz sieht **keine bestimmte Verfahrensweise** vor, so dass nicht jeder strafrechtlich relevante TOA die Kriterien der eben erwähnten gesetzlichen Definition in § 1 I MediationsG erfüllt.[237] Beispielsweise käme auch ein von den Parteien selbst durchgeführtes Ausgleichsverfahren ohne strukturierte Vorgehensweise und ohne Hilfe eines Mediators ohne weiteres als ein TOA im Sinne der strafrechtlichen Normen in Betracht.[238] Das steht allerdings einer Geltung des MediationsG für diejenigen TOA-Verfahren nicht entge-

---

[230] BT-Drs. 17/5335, 11 sowie 17.

[231] *Risse* SchiedsVZ 2012, 250. Für ein strafprozessuales Zeugnisverweigerungsrecht *Horstmeier* JR 2012, 1 f.

[232] BT-Drs. 17/5335, 17.

[233] S. *Kaspar*, Wiedergutmachung und Mediation im Strafrecht, S. 174 f.

[234] BT-Drs. 17/5335, 15.

[235] *Meier*, S. 339. Ähnlich u. a. *Michaelis* JA 2005, 832; *Trenczek*, in: ders. u. a. (Hrsg.), Mediation und Konfliktmanagement, S. 582.

[236] Umfassend zum Verhältnis von TOA und Mediation *Mühlfeld*, Mediation im Strafrecht, 2002 sowie *Kaspar*, Wiedergutmachung und Mediation im Strafrecht, S. 143 ff.

[237] Zutreffend *Trenczek*, in: ders. u. a. (Hrsg.), Mediation und Konfliktmanagement, S. 585.

[238] Vgl. bereits oben I. 3.

gen, die unter Anleitung eines Vermittlers durchgeführt werden und auch die sonstigen Voraussetzungen von § 1 MediationsG erfüllen.

Gegen einen Einbezug des TOA könnte die **Entstehungsgeschichte** des Mediationsgesetzes sprechen. Es diente der Umsetzung der Mediationsrichtlinie der EU, die sich ausdrücklich auf „Zivil- und Handelssachen" bezog.[239] Allerdings werden bei nahezu allen Straftaten, die sich gegen ein individuelles Opfer gerichtet haben und die nun in einem TOA aufgearbeitet werden sollen, zivilrechtliche Ansprüche im Raum stehen, die selbstverständlich auch Gegenstand der Ausgleichsgespräche sein werden – „Straf"- und „Zivilsachen" sind aus dieser Perspektive untrennbar verbunden.

Es bleibt als starkes Gegenargument der ausdrückliche **Wille des Gesetzgebers**, der den TOA ausweislich der Begründung des Gesetzesentwurfs aus dem Anwendungsbereich des Mediationsgesetzes ausnehmen wollte.[240] Das Gesetz enthalte „keine Regelungen zum TOA, da es sich hierbei trotz der Nähe zur Mediation um eine gesetzlich geregelte Spezialmaterie handelt".[241] Das erscheint als klare Linie, jedenfalls für die Ausgleichsverfahren, die von vornherein (insbesondere auf Initiative der Strafverfolgungsbehörden gem. § 155a StPO) im Zusammenhang mit einem Strafverfahren stehen und für die mit § 155b StPO eine Regelung in Bezug auf die Arbeit der Ausgleichsstellen existiert.

Auf der anderen Seite lässt sich fragen, warum gerade bei solchen (sensiblen) Ausgleichsverfahren, die in Bezug zu Straftaten stehen, die höheren Maßstäbe des Mediationsgesetzes nicht gelten sollen.[242] Auch scheint der Gesetzgeber nicht bedacht zu haben, dass der TOA ein ergebnisbezogener Begriff ist, der eine Relevanz für die strafrechtliche Erledigung signalisiert, aber keine bestimmte Verfahrensart im Blick hat. Wie wäre etwa zu entscheiden, wenn die Beteiligten eines auch strafrechtlich relevanten Konfliktes verabreden, zu einem Mediator zu gehen, ohne dass die Folgen für ein (möglicherweise noch gar nicht eingeleitetes) Strafverfahren zu diesem Zeitpunkt eine Rolle spielte? Das Etikett „Täter-Opfer-Ausgleich" ist hier sozusagen noch gar nicht vergeben, und man wird nicht davon ausgehen können, dass der Gesetzgeber die Anwendung des Mediationsgesetzes in solchen Fällen stets und allein wegen einer abstrakten strafrechtlichen Relevanz eines Konflikts ausschließen wollte. Akzeptiert man, dass jedenfalls solche **„strafrechtsfernen" Ausgleichsfälle**, die sich nicht sinnvoll von üblichen Mediationsverfahren abgrenzen lassen, in den möglichen Anwen-

---

[239] Richtlinie 2008/52/EG über Mediation in Zivil- und Handelssachen, ABl. EU Nr. L 136/3 v. 24.5.2008

[240] Vgl. *Ahrens* NJW 2012, 2465.

[241] BT-Drs. 17/5335, 11. Dementsprechend scheint *Fritz/Pielsticker/Fritz*, MediationsG, § 1, Rn. 7 mit Fn. 11 davon auszugehen, dass der TOA generell nicht in den Anwendungsbereich des MediationsG fällt.

[242] *Hartmann/Steengrafe* TOA-Infodienst Nr. 43 (2012), 31.

dungsbereich des Mediationsgesetzes fallen, ist der Schritt nicht weit, dies auch in den **sonstigen Fällen des TOA** anzunehmen, solange dort Mediation im Sinne der Definition von § 1 II MediationsG betrieben wird. Denn die Geltung dieses dem Schutz der Beteiligten dienenden Gesetzes sollte nicht von der zufälligen Frage der Einleitung eines strafrechtlichen Ermittlungsverfahrens abhängen.[243] Der entgegenstehende Wille des Gesetzgebers hat keinen Eingang in den Gesetzestext gefunden und kann daher im Wege einer teleologischen Auslegung überwunden werden.[244] Der gesetzgeberische Wille wird allerdings dann relevant, wenn es im Einzelfall zu einem echten Konflikt zwischen den Regelungen des Mediationsgesetzes und einer explizit auf den TOA bezogenen Norm wie § 155b StPO kommen sollte; letztere hätte dann als lex specialis Vorrang. Mit anderen Worten: Wenn der TOA die Kriterien des § 1 I MediationsG erfüllt, werden die gesetzlichen Regelungen zum TOA nicht verdrängt, aber, soweit sich kein Konflikt ergibt, von den Regelungen des MediationsG ergänzt.

b) Verschwiegenheitspflicht und Zeugnisverweigerungsrecht des Vermittlers

Unabhängig von der Geltung des MediationsG besteht regelmäßig eine sogar strafbewehrte **Verschwiegenheitspflicht** der meisten Vermittler in TOA-Verfahren gem. § 203 StGB, da hier neben den Rechtsanwälten und Psychologen auch Sozialarbeiter und Sozialpädagogen (gem. § 203 I Nr. 5 StGB) erfasst sind.[245]

Ein **Zeugnisverweigerungsrecht** im Strafprozess gem. § 53 I StPO können allerdings nur die dort ausdrücklich genannten Berufsgruppen geltend machen, zu denen weder Sozialpädagogen noch Sozialarbeiter zählen.[246] Trotz der grundsätzlich bestehenden Pflicht zur Verschwiegenheit werden hier ein Vorrang des staatlichen Strafverfolgungsinteresses und damit eine Pflicht zur Aussage im Strafprozess angenommen. Eine analoge Anwendung von § 53 StPO auf andere, in der Norm nicht genannte Be-

---

[243] *Hartmann/Steengrafe* TOA-Infodienst Nr. 43 (2012), 32.

[244] Vgl. *Hartmann/Steengrafe* TOA-Infodienst Nr. 43 (2012), 30 ff. So im Ergebnis auch *Trenczek*, in: ders. u. a. (Hrsg.), Mediation und Konfliktmanagement, S. 585, bei dem allerdings der klar anders lautende Wille des Gesetzgebers nicht erwähnt wird. Vor diesem Hintergrund ist es entgegen *Trenczek* (a.a.O.) keineswegs „selbstverständlich", dass das MediationsG auch auf TOA-Programme Anwendung finde, „wenn und soweit sie beanspruchen, Mediation zu betreiben".

[245] Vgl. *Walter*, in: Henssler/Koch (Hrsg.), Mediation in der Anwaltspraxis, S. 486; *Mühlfeld*, S. 191.

[246] Letztere können daher nur ausnahmsweise unter den Voraussetzungen von § 53 I Nr. 3 a) und b) erfasst sein, wenn sie in den dort genannten Beratungsstellen arbeiten, was im Bereich des TOA aber nicht relevant werden dürfte.

rufsgruppen kommt nach den strengen Maßstäben des BVerfG[247] nicht in Betracht. Durch diese Durchbrechung der Verschwiegenheitspflicht wird die wünschenswerte vertrauliche Atmosphäre eines TOA-Verfahrens natürlich gestört. De lege ferenda sollte über die Einführung eines Zeugnisverweigerungsrechts für berufsmäßige TOA-Vermittler nachgedacht werden.[248]

c) Sonstige Verfahrensfragen und Datenschutz (§ 155b StPO)

Die 1999 eingeführte Vorschrift des § 155b StPO enthält eine Rechtsgrundlage für die Arbeit der im Bereich des TOA tätigen Ausgleichsstellen, insbesondere im Hinblick auf die **Erhebung und Weitergabe personenbezogener Daten**. Der Gesetzgeber gibt damit zu erkennen, dass er im Regelfall von der Einschaltung einer solchen Stelle ausgeht, auch wenn dies damit nicht zur zwingenden Voraussetzung eines TOA gemacht wurde.[249] Die **Art der Ausgleichsstelle** (öffentliche Stelle oder privater Träger) sowie die personelle Besetzung mit bestimmten Berufsgruppen wurden nicht näher geregelt.[250]

In § 155b I 1 StPO wird zunächst klargestellt, dass der Ausgleichsstelle **personenbezogene Daten** zur Bearbeitung des Falles von Seiten des Gerichts oder der Staatsanwaltschaft **übermittelt** werden dürfen. Geht die Initiative zum TOA nicht von Staatsanwaltschaft oder Gericht aus, sondern etwa vom Täter oder vom Geschädigten, kann auch die von letzteren eingeschaltete Ausgleichsstelle die Übermittlung der Akten beantragen. Auch sie gilt dann als „beauftragte Stelle" im Sinne der Norm.[251]

Eine **nicht-öffentliche Ausgleichsstelle** ist darauf hinzuweisen, dass sie die Daten nur für Zwecke des TOA verwenden darf; für sie gelten gem. § 155b III StPO die Vorschriften des Bundesdatenschutzgesetzes auch dann, wenn die Daten nicht in oder aus Dateien, sondern etwa in Form von Akten verarbeitet werden.

Die Stelle ist zur **Verarbeitung und Nutzung der Daten** befugt, soweit dies für die Durchführung des TOA erforderlich ist und keine schutzwürdigen Interessen der Betroffenen entgegenstehen (§ 155b II 1 StPO). Selbst **erheben** darf sie Daten nur, wenn der jeweils Betroffene einwilligt (§ 155b II 2 StPO). Diese Einwilligung bedarf keiner bestimmten Form und kann auch konkludent erteilt werden.

---

[247] BVerfGE 33, 367 ff.

[248] So bereits *Walther* ZRP 1997, 395; *Rössner/Klaus*, in: Dölling u. a. (Hrsg.), Täter-Opfer-Ausgleich in Deutschland, S. 75 ff.

[249] SK-StPO/*Weßlau*, § 155b Rn. 1.

[250] LR/*Beulke*, StPO, § 155b Rn. 2.

[251] SK-StPO/*Weßlau*, § 155b Rn. 8 mwN.

Die Ausgleichsstelle ist nach § 155 II 3 StPO berechtigt, aber auch verpflichtet, der Staatsanwaltschaft über den TOA „im erforderlichen Umfang" zu **berichten**. Das bezieht sich nach der Gesetzesbegründung in erster Linie auf das Ergebnis des TOA[252], allerdings wird es für manche Aspekte des § 46a StGB, z. B. das „ernsthafte Bemühen" des Täters, nötig sein, dass auch der Verlauf des Ausgleichsverfahrens mitgeteilt wird.[253]

Sofern das MediationsG Anwendung findet[254], könnte darin ein Konflikt mit der Verschwiegenheitspflicht des § 4 MediationsG liegen. Allerdings erlaubt § 4 S. 3 Nr. 1 MediationsG ausdrücklich die „Offenlegung des Inhalts der im Mediationsverfahren erzielten Vereinbarung", soweit dies „zur Umsetzung oder Vollstreckung dieser Vereinbarung erforderlich ist". Auf den TOA übertragen erstreckt sich diese Erlaubnis (in Verbindung mit der gesetzlichen Regelung in § 155b II 3 StPO) auch auf den Bericht an die Strafverfolgungsbehörden, der für eine Berücksichtigung im Strafverfahren nötig ist. Das Problem wird ohnehin dadurch entschärft, dass sich die Berichtspflicht nur auf Umstände beziehen wird, die von der Ausgleichsstelle (neu) „erhoben" wurden, was sich ohnehin im Rahmen der von den Beteiligten (ggf. konkludent) erteilten Einwilligung halten muss (§ 155b II 2 StPO). Geht die Weitergabe von Daten über diese Einwilligung hinaus und ist sie auch nicht von einer sonstigen Rechtsgrundlage gedeckt , stellt sich die Frage der Verwertbarkeit im Strafprozess, die nach den herkömmlichen Maßstäben in der Rechtsprechung allerdings nicht pauschal[255], sondern nur anhand einer Abwägung im Einzelfall gelöst werden kann.

Die Unterlagen mit den personenbezogenen Daten sind von der Ausgleichsstelle nach Ablauf von einem Jahr nach dem Abschluss des Strafverfahrens gem. § 155b IV 1 StPO zu **vernichten.** Die Norm dürfte als lex specialis auch für Anwälte als Schlichter gelten, die an sich gem. § 51b II 1 BRAO zu einer fünfjährigen Aufbewahrung von Mandantenakten verpflichtet sind. Für den **Beginn der Jahresfrist** ist auf den Zeitpunkt des Eintritts der Rechtskraft abzustellen, welcher der Ausgleichsstelle von Staatsanwaltschaft und Gericht unverzüglich mitzuteilen ist (§ 155b IV 2 StPO).

Die in § 155b StPO zugrunde gelegte Einbindung von (auch privaten) Ausgleichsstellen in die staatliche Erledigung des Strafverfahrens legt es nahe, dem Vermittler auch über den Datenschutz hinaus weitere, ansonsten dem Staat obliegende rechtsstaatliche Pflichten aufzuerlegen. Wenn man bedenkt, dass der Vermittler unter Umständen die erste Person in quasi-

---

[252] BT-Drs. 14/1928, 9.

[253] SK-StPO/*Weßlau*, § 155b Rn. 7; LR/*Beulke*, StPO, § 155b Rn. 2.

[254] S. dazu oben a).

[255] So aber SK-StPO/*Weßlau*, § 155b Rn. 7, die von einem generellen Verwertungsverbot ausgeht.

offizieller Funktion ist, gegenüber der sich der angebliche Täter über den Vorwurf der Straftat äußert, spricht vieles dafür, dem Vermittler gem. **§ 136 I 2 StPO analog** aufzugeben, den Täter über sein Aussageverweigerungsrecht zu **belehren**.[256]

---

[256] Vgl. *Schöch*, in: Canaris u. a. (Hrsg.), 50 Jahre Bundesgerichtshof, Festgabe aus der Wissenschaft, Band IV, 2000, S. 1063.

C. Praxis

I. Empirische Erkenntnisse

Dass man durchaus von einer **Erfolgsgeschichte des TOA** in Deutschland sprechen kann und er mittlerweile zur (wenn auch nach wie vor ausbaufähigen) festen Größe innerhalb der Strafrechtspflege geworden ist, zeigen die vorliegenden Evaluationen von Modellprojekten, die sich teilweise auch auf die Rückfallquoten der beteiligten Täter beziehen (unten 1.) sowie der Blick in die bundesweite TOA-Statistik (unten 2.).

1. Evaluationen

a) Implementation des TOA

Die ersten TOA-Projekte wurden seit den frühen 80er Jahren im **Jugendstrafrecht** durchgeführt. Die wissenschaftliche Begleitforschung erbrachte durchweg ermunternde Ergebnisse; es konnte gezeigt werden, dass der Durchführung eines TOA keine prinzipiellen Bedenken entgegenstehen und dass auf beiden Seiten eine ausreichende Teilnahmebereitschaft besteht.[257] Gerade bei Jugendlichen lässt sich auch eine hohe Quote erfolgreich abgeschlossener TOA-Verfahren von über 90 % feststellen; der Anteil persönlicher TOA-Gespräche liegt mit 75 % recht hoch.[258]

Im **allgemeinen Strafrecht** wurde der TOA[259] soweit ersichtlich zum ersten Mal im Rahmen des **Tübinger Gerichtshilfeprojekts** im Jahre 1984 erprobt.[260] Etwa 90% der Täter und Opfer zeigten sich zur Teilnahme bereit. In über 80 % der Fälle konnte eine Vereinbarung erzielt werden. Das Projekt zielte in erster Linie auf minderschwere Fälle im Anwendungsbereich der §§ 153 ff. StPO ab; tatsächlich wurde das Strafverfahren in 78 % der Fälle eingestellt, wenn der TOA erfolgreich war.

Das 1990 gestartete Modellprojekt in **Nürnberg/Fürth**, in dessen Rahmen 189 Fälle in zwei Jahren bearbeitet wurden[261], bezog sich überwiegend

---

[257] S. nur den Überblick bei *Winter* ZJJ 2005, 199 ff. sowie *Bannenberg*, S. 91 ff.

[258] *Meier/Rössner/Schöch*, § 6 Rn. 28.

[259] Zusammenfassende Darstellung bei *Kaspar*, Wiedergutmachung und Mediation im Strafrecht, S. 179 ff.; s. auch *Dölling/Henninger*, in: Dölling u. a. (Hrsg.), Täter-Opfer-Ausgleich in Deutschland, 1998, S. 203 ff.

[260] Zum Folgenden s. *Rössner*, in: Hering/Rössner (Hrsg.), TOA im allgemeinen Strafrecht, 1993, S. 99 ff.

[261] S. dazu *Dölling/Hartmann*, S. 7 ff.

(54 %) auf Körperverletzungsdelikte. In 58 % der Fälle waren Täter und Opfer zu einem Ausgleichsverfahren bereit. Zu einer persönlichen Begegnung kam es in 36 % dieser Fälle.

Ebenfalls evaluiert wurde der vom Verein **„WAAGE Hannover e. V."** seit 1992 durchgeführte TOA.[262] Im Zeitraum von Juli 1992 bis März 1995 wurden 509 TOA-Verfahren initiiert, die sich größtenteils (57 %) auf Körperverletzungsdelikte bezogen. Von den 430 Verfahren, die prinzipiell für einen TOA geeignet erschienen, konnten 232 (54 %) erfolgreich abgeschlossen werden. Zu einem direkten persönlichen Kontakt kam es (hier sogar entgegen der ursprünglichen Projektkonzeption) nur in etwa 18 % der Fälle.

Eine Auswertung sämtlicher TOA-Verfahren des Jahres 2001 in **Nordrhein-Westfalen** (insgesamt etwa 2.700 Fälle)[263] zeigte u. a. einen Schwerpunkt im Bereich der Körperverletzungsdelikte, deren Anteil etwa 52 % ausmachte.[264] Waren beide Seiten teilnahmebereit, konnte der TOA in gut 87 % der Fälle erfolgreich abgeschlossen werden.[265] Auf der Rechtsfolgenseite ist bemerkenswert, dass über 80 % der Strafverfahren eingestellt wurden; nur in gut 10 % der Fälle endete das Verfahren mit einem Urteil oder einem Strafbefehl.[266] Die beteiligten Täter und Opfer zeigten sich in einer Befragung überwiegend zufrieden mit dem Verlauf und dem Ergebnis des TOA.[267]

Schließlich ist noch der Verein **„Ausgleich e. V."** zu nennen, der 1999 seine Arbeit in München aufnahm. Hier ging es um die Vermittlung zwischen Tätern und Opfern von Straftaten durch Rechtsanwälte mit einem gewissen Fokus auf materielle Ausgleichsleistungen.[268] Im Untersuchungszeitraum von 1999 bis 2004 wurden 525 Ausgleichsverfahren in die Wege geleitet.[269] In gut 65 % der Fälle erfolgte der erste Anstoß von der Staatsanwaltschaft; der Anteil der von Strafverteidigern initiierten Fälle lag zu diesem Zeitpunkt bei knapp 29 %, konnte aber in der Folge auf zuletzt 53 % gesteigert werden.[270]

---

[262] Zum Folgenden *Netzig/Petzold,* in: Pfeiffer (Hrsg.), Täter-Opfer-Ausgleich im allgemeinen Strafrecht, 1997, S. 9 ff.

[263] S. *Bals/Hilgartner/Bannenberg,* Täter-Opfer-Ausgleich im Erwachsenenbereich, 2005.

[264] *Meier,* S. 361.

[265] *Meier,* S. 362.

[266] *Meier,* S. 363.

[267] Vgl. *Bals* MSchKrim 2006, 130 ff.

[268] S. dazu *Götting;* S. 131 ff.; *Kaspar,* Wiedergutmachung und Mediation im Strafrecht, S. 185 ff.; *Köberlein,* S. 18 ff.

[269] Zum Folgenden *Köberlein,* S. 261 ff.

[270] Laut Auskunft des Vereins „Ausgleich e. V." wurden bis April 2014 53 % der Ausgleichsverfahren von den Verteidigern und lediglich 45 % von der StA angeregt. Im gesamten Jahr 2013 lagen die Werte bei 48 % (Verteidigung) und 42 % (StA), im Jahre 2012 bei 35 % (Verteidigung) und 57 % (StA).

Entsprechend dem Schwerpunkt im Bereich der materiellen Schadenswiedergutmachung ging es in über 55 % der Fälle um Eigentums- und Vermögensdelikte. Fast 85 % der Beschuldigten waren bereit, sich auf ein Ausgleichsverfahren einzulassen, auf Opferseite waren es knapp 84 %. Nur in 10 % der Fälle kam es zu einem persönlichen Treffen von Täter und Opfer. In 72, 5 % der Fälle konnte der TOA erfolgreich abgeschlossen werden. Eine Einstellung des Verfahrens gem. §§ 153 ff. StPO erfolgte in knapp 40 % der Verfahren[271] – das ist zwar ein weit geringerer Wert als er etwa in Nordrhein-Westfalen festgestellt wurde, und immerhin etwa 20 % der Münchener Ausgleichsfälle betrafen gravierendere Fälle, in denen eine Freiheitsstrafe verhängt wurde.[272] Die Zahlen zeigen aber dennoch, dass der TOA überwiegend als Diversionsmaßnahme verstanden wird und sein Potenzial im Bereich der schwereren Delinquenz (gerade auch von Seiten der Verteidigung, die insgesamt eher selten TOA-Verfahren anregt[273]) noch bei weitem nicht ausgeschöpft wird.

b) Einfluss auf die Legalbewährung

In einigen Studien wurde versucht, den **Einfluss des TOA auf die Rückfälligkeit** der beteiligten Täter zu ermitteln. Dabei bestehen methodische Probleme[274], insbesondere ist es sehr schwer, einzelne Faktoren (wie den vom TOA erhofften Lerneffekt) zu isolieren und von anderen für den Rückfall relevanten Kriterien zu unterscheiden. Bei der gebotenen Vorsicht lässt sich den vorliegenden Studien[275] aber zumindest eine positive Tendenz entnehmen.

So kam *Keudel* in ihrer Studie in Schleswig-Holstein, die 349 Probanden aller Altersstufen umfasste, zu dem Ergebnis, dass bei insgesamt 74 % der an einem erfolgreichen TOA beteiligten Täter keine offiziell registrierte weitere Straftat festgestellt werden konnte.[276] Das klingt zufriedenstellend; allerdings erlaubt die Studie keine Aussage über eine spezifisch positive Wirkung des TOA, da sie keinen Vergleich mit einer Kontrollgruppe von Tätern enthält, die nicht an einem TOA teilgenommen hatten.[277]

Ein solcher Vergleich wurde von *Busse* in seiner Untersuchung vorgenommen[278], die sich auf die Rückfälligkeit von 91 jugendlichen Tätern

---

[271] *Köberlein*, S. 111.

[272] *Köberlein*, S. 111.

[273] So auch *Leipold* NJW-Spezial 2004, 328; *Püschel* StraFo 2006; zu möglichen Gründen s. *Kaspar*, Wiedergutmachung und Mediation im Strafrecht, S. 285 f.

[274] Dazu auch *Rössner,* in Festschrift für Böttcher, 2007, S. 357 (370).

[275] S. den Überblick bei *Köberlein*, S. 159 ff. sowie *Kerner*, in: Haft/v. Schlieffen (Hrsg.), Handbuch Mediation, §§ 33, Rn. 51 ff.

[276] *Keudel*, S. 218.

[277] *Köberlein*, S. 165.

[278] *Busse,* Rückfalluntersuchung zum Täter-Opfer-Ausgleich, 2001.

bezog, die zwischen 1992 und 1994 im Amtsgerichtsbezirk Lüneburg an einem TOA teilgenommen hatten. Diese wurden im Untersuchungszeitraum zu 44 % nicht rückfällig, während die Kontrollgruppe von 60 jugendlichen Straftätern, die ohne an einem TOA teilgenommen zu haben förmlich verurteilt wurden, nur zu 19 % ohne Straftaten blieb.

Eine weitere, ebenfalls auf das Jugendstrafrecht bezogene Untersuchung wurde von *Dölling*, *Hartmann* und *Traulsen* anhand von TOA-Fällen aus den Jahren 1985-1987 in München und Landshut durchgeführt.[279] Verglichen wurden dabei 85 erfolgreiche und 44 gescheiterte Ausgleichsfälle sowie 140 Fälle einer Vergleichsgruppe ohne jeden Bezug zu einem TOA-Verfahren. Dabei ergab sich bei den Teilnehmern eines erfolgreichen TOA eine signifikant bessere Legalbewährung als bei den Angehörigen der Vergleichsgruppe. Der Zusammenhang war allerdings nur schwach ausgeprägt; zudem zeigte sich interessanterweise kein Unterschied der Rückfallquoten beim Vergleich von Teilnehmern eines erfolgreichen und eines gescheiterten TOA. Ob man daraus schließen kann, dass allein schon die Sensibilisierung für die Opferseite durch den Beginn eines TOA (unabhängig von dessen Ausgang) einen positiven Effekt auf den Täter hat, ist zwar zweifelhaft. Dennoch spricht die Studie indiziell für eine positive Wirkung des TOA; umgekehrt widerlegt sie ganz deutlich die mögliche Annahme, dass sich ein auf diesem Weg vergleichsweise mild sanktionierter Täter zur Begehung neuer Straftaten herausgefordert fühlt.[280]

Letzteres ist sozusagen das spezialpräventive „Minimalziel" des TOA und ergibt sich auch aus der Studie von *Köberlein* im Rahmen des oben erwähnten Münchener Projekts „Ausgleich e. V.", bei der sich keine signifikanten Unterschiede zwischen Experimental- und Kontrollgruppe im Hinblick auf Rückfälligkeit innerhalb von drei Jahren zeigten. Dass hier offenbar kein besonderer positiver spezialpräventiver Effekt erzielt werden konnte, lag möglicherweise an der Fokussierung der Ausgleichsverfahren auf Schadenswiedergutmachung mit ihrer vorrangig materiellen Komponente, über die fast immer ohne direkte persönliche Kommunikation zwischen Täter und Opfer verhandelt wurde. Das schmälert nicht den Nutzen, der dennoch auf beiden Seiten erzielt wird, beim Täter in Form einer im Regelfall milderen Sanktionierung, beim Opfer in Form einer erleichterten Wiedergutmachung der materiellen und immateriellen Schäden ohne die Kosten und die Mühe eines Zivilprozesses.

---

[279] S. *Dölling/Hartmann/Traulsen* MSchKrim 2002, 185 ff.

[280] Vgl. *Köberlein*, S. 162.

2. Bundesweite TOA-Statistik

Seit 1993 wird von einer Forschergruppe um *Hans-Jürgen Kerner* und *Arthur Hartmann* die sog. **Bundesweite TOA-Statistik** geführt.[281] Die dort zusammengefassten Daten werden mit Hilfe eines standardisierten Fragebogens bei den TOA-Einrichtungen erhoben, die sich dazu (auf freiwilliger Basis) bereit erklärt haben. Die Zahlen der Statistik geben also kein vollständiges Bild des TOA in Deutschland wieder, vermitteln aber doch einen aussagekräftigen Eindruck von der Art und Häufigkeit der bundesweiten Anwendung des TOA, einschließlich der Entwicklung innerhalb des Erfassungszeitraums von mittlerweile über 20 Jahren. Die letzten veröffentlichten Zahlen beziehen sich auf das Jahr 2010.[282]

Wie auch die Evaluationen einzelner Modellprojekte gezeigt haben, geht die **Initiative** zur Durchführung des TOA bundesweit ganz überwiegend von der Staatsanwaltschaft aus, im Jahre 2010 in fast 75 % der Fälle.[283]

Bei den **Delikten** zeigt sich ein breites Spektrum bis in den Bereich der schweren Sexual-und Gewaltdelinquenz hinein. Ein gewisser Schwerpunkt liegt bei den Straftaten gegen die körperliche Unversehrtheit: Diese machten 2010 knapp die Hälfte der Fälle aus[284], ein Wert, der im Laufe der Zeit einigermaßen konstant geblieben ist (1993: 58 %, 1998: 53 %, 2002: 47 %, 2005: 53 %).[285]

Die Ausrichtung des TOA im engeren Sinne auf **persönliche Konfliktbereinigung** (mit dem Ziel, ggf. ein friedliches Zusammenleben in Zukunft zu ermöglichen) kommt darin zum Ausdruck, dass sich 2010 in fast 70 % der Fälle Täter und Opfer vor der Tat kannten.[286]

Die **Teilnahmebereitschaft der Opfer**, die tatsächlich kontaktiert werden konnten und bei denen das Verfahren nicht schon aus anderen Gründen scheiterte, lag 2010 durchschnittlich bei ca. 70 %.[287] Das entspricht in etwa der Größenordnung früherer Jahre, wobei sich allerdings im Laufe der Zeit eine sinkende Tendenz abgezeichnet hat (1993: 82 %, 1998: 81 %, 2002: 74 %, 2005: 76 %).[288] Der entsprechende Wert der **Teilnahmebereitschaft der Täter** lag durchweg noch höher. Er betrug 2010 etwa

---

[281] S. *Hartmann/Stroezel,* in: Dölling u. a. (Hrsg.), Täter-Opfer-Ausgleich in Deutschland, 1998, S. 149 ff.; *Kerner/Eikens/Hartmann,* Täter-Opfer-Ausgleich in Deutschland, 2012; S. dazu auch *Meier,* S. 361 ff.

[282] S. *Kerner/Eikens/Hartmann,* Täter-Opfer-Ausgleich in Deutschland, 2012.

[283] *Kerner/Eikens/Hartmann,* S. 12.

[284] *Kerner/Eikens/Hartmann,* S. 22.

[285] S. die Zahlenangaben bei *Meier,* S. 361 (gerundete Werte).

[286] *Kerner/Eikens/Hartmann,* S. 25.

[287] Berechnet nach *Kerner/Eikens/Hartmann,* S. 27.

[288] S. *Meier,* S. 362 (Werte gerundet).

85 %[289], auch hier zeigt sich eine leicht fallende Tendenz im Laufe der Jahre (1993: 93 %, 1998: 91 %, 2002: 86 %, 2005: 85 %).[290]

Sind beide Seiten mit der Einleitung eines TOA einverstanden, gelingt es in der ganz überwiegenden Zahl der Fälle, eine Vereinbarung zu erzielen, den **TOA** also **erfolgreich abzuschließen**. Im Jahr 2010 lag der Wert mit 91 % besonders hoch[291], aber auch in den Jahren davor nie unter 80 % (1993: 87 %, 1998: 87 %, 2002: 80 %, 2005: 82 %).[292]

Der TOA, so kann man anhand dieser Zahlen zusammenfassend sagen, entspricht also ganz offensichtlich einem Bedürfnis sowohl auf Täter- als auch auf Opferseite[293], wird daher gut angenommen und führt in der ganz überwiegenden Zahl der Fälle zu einem für beide Seiten akzeptablen und friedensstiftenden Ergebnis.

II. Institutionalisierter TOA

1. Formen

Es gibt keine gesetzlichen Vorgaben für die Durchführung eines TOA. Täter und Opfer können direkt bzw. über ihre Anwälte (Verteidiger und Opferanwalt) verhandeln oder eine TOA-Stelle beauftragen. Letzteres ist die Regel, §155 b StPO spricht von „mit der Durchführung des TOA beauftragten" Stellen und erwähnt ausdrücklich auch „nicht-öffentliche" Stellen.

2. Institutionen

Das Bild wird durch eine Vielzahl lokal und regional tätiger Stellen geprägt. Die Bandbreite reicht von Jugendgerichtshilfestellen über Konfliktberatungsstellen bis zu einer als Konfliktschlichterin gelisteten Rechtsanwältin und Mediatorin.[294] Ca. die Hälfte ist im Bereich Jugendstrafrecht tätig, etwa ein Viertel im Bereich Erwachsenenstrafrecht und ebenfalls ein Viertel auf beiden Feldern.[295]

Bundesweit agierende TOA-Institutionen existieren nicht.

Das 1992 auf Beschluss von Bundestag und Bundesregierung eingerichtete Servicebüro für TOA widmet sich der Vernetzung der TOA-Stellen.

---

[289] Berechnet nach *Kerner/Eikens/Hartmann*, S. 28.
[290] S. *Meier*, S. 362 (Werte gerundet).
[291] *Kerner/Eikens/Hartmann*, S. 36.
[292] S. *Meier*, S. 362 (Werte gerundet).
[293] So auch *Meier*, S. 362.
[294] S. www.toa-servicebuero.de/konfliktschlichter.
[295] S. www.toa-servicebuero.de/konfliktschlichter.

Dazu dient u. a. die mehrmals jährlich in einer Auflage von 1.300 Exemplaren erscheinende Zeitschrift „TOA Infodienst".

Über eine Suchfunktion sind nach Postleitzahlen geordnet Konfliktschlichter abrufbar.[296] Dabei werden verschiedene Zertifizierungen verwendet:

- Zertifizierte Ausbildung
  Mindestens ein Mitarbeiter hat die Ausbildung „Mediator in Strafsachen" http://www.toa-servicebuero.de/node/56 erfolgreich abgeschlossen.
- BAG TOA e.V. – Mitglied
  Die Einrichtung oder mindestens ein Mitarbeiter ist Mitglied in der Bundesarbeitsgemeinschaft Täter-Opfer-Ausgleich e.V.
- Bundesweit geprüfte Qualität
  Dieser Einrichtung wurde von der BAG TOA e.V. das Gütesiegel verliehen.[297]

Das Servicebüro hat – im Laufe der Jahre mehrfach geänderte – Standards für die Arbeit entwickelt. Als Voraussetzungen für einen TOA werden genannt:

- Freiwilligkeit der Teilnahme
- Ein „Ja" des Opfers ohne jeglichen sozialen und psychischen Druck
- Verzicht auf TOA-Ergebnisvorgaben durch die Justiz
- Keine erneute Viktimisierung des Verletzten.[298]

Als Zielvorgaben werden definiert:

- Einvernehmliche Regelung zwischen den Beteiligten
- Berücksichtigung der Anliegen beider Seiten
- Reduzierung von Konfliktfolgen und Folgekonflikten (Prävention)
- Gewährleistung der Autonomie der Konfliktparteien
- Erfüllung der vereinbarten Regelung
- Vermeidung von Ungerechtigkeiten.[299]

In fast allen Bundesländern existieren TOA-Arbeitsgemeinschaften auf Landesebene. Meist handelt es sich um Zusammenschlüsse von freien und öffentlichen Trägern, die sich einige Male im Jahr zum fachlichen Austausch treffen.[300]

---

[296] S. www.toa-servicebuero.de/konfliktschlichter.

[297] S. www.toa-servicebuero.de/service.

[298] S. www.toa-servicebuero.de/sites/toa-servicebuero.de/files/bibliothek/toa-standards-6.pdf.

[299] S. www.toa-servicebuero.de/sites/toa-servicebuero.de/files/bibliothek/toa-standards-6.pdf.

[300] S. www.toa-servicebuero.de/sites/toa-servicebuero.de/files/bibliothek/toa_arbeitsgemein.pdf.

Teilweise gibt es eigene Landesstandards für die „qualitative und quantitative Durchführung des TOA".[301] Die Bezeichnungen dafür variieren. In Thüringen werden sie als „fachliche Empfehlungen" bezeichnet.[302]

Die meisten TOA-Stellen haben sich in den 90er Jahren des letzten Jahrhunderts etabliert. Dies steht im Zusammenhang mit der gesetzlichen Implementierung des TOA im Jugendstrafrecht 1990 und im Erwachsenenstrafrecht 1994.

Die Brücke-München e.V., die schon seit 1973 existiert, bietet beispielsweise seit 1995 TOA im Erwachsenenbereich an.[303] Der Ausgleich e.V. (München) ist seit seiner Gründung 1999 auf diesem Gebiet tätig.

Meist sind es eigens zu diesem Zweck gegründete Vereine, die sich die Durchführung des TOA zur Aufgabe gemacht haben. Teilweise handelt es sich um neu gegründete Stellen bestehender Institutionen. TOA wird auch von kommunalen Stellen angeboten. Oft handelt es sich um Abteilungen des örtlichen Jugendamtes. Daneben gibt es Angebote der Kreise und Bezirke. Auch die Kirchen sind Träger von TOA-Stellen. Sowohl die Caritas wie das Diakonische Werk unterhalten Fachstellen für TOA, ebenso die Arbeiterwohlfahrt.[304]

Nur wenige TOA-Organisationen sind landesweit tätig. Dazu zählt der Ausgleich e.V. in München, der Fälle bearbeitet, bei denen eine Anklage bei einem bayerischen Gericht zu erwarten ist.[305]

3. Methoden

a) Mediation

Viele Organisationen verstehen ihre Arbeit als Täter-Opfer-Mediation, so auch die Brücke-München e.V., wo angestellte Sozialpädagogen mit der Arbeit betraut sind. Im Mittelpunkt steht die Aufarbeitung der Tat. Die Täter-Opfer-Mediation wird als „ein Angebot an die Konfliktbeteiligten einer Straftat verstanden, vor Eröffnung des oder flankierend zum strafrechtlichen Hauptverfahren eine außergerichtliche Lösung zu finden, die für die Geschädigten zur Tataufarbeitung beiträgt, dem Täter ermöglicht, Verantwortung für sein Handeln zu übernehmen, sein schädigendes Verhalten wiedergutzumachen und bei einer erfolgreichen materiellen Wiedergutmachung der geschädigten Seite die Durchführung eines zivilrechtlichen Ver-

---

[301] S. www.toa-servicebuero.de/sites/toa-servicebuero.de/files/bibliothek/toa_arbeitsgemein.pdf.

[302] S. www.toa-servicebuero.de/sites/toa-servicebuero.de/files/bibliothek/toa_arbeitsgemein.pdf.

[303] S. Brücke e. V. (Hrsg.), Prävention, Mediation, Sanktion, 2003, S. 15 ff.

[304] S. www.toa-servicebuero.de/konfliktschlichter.

[305] S. www.ausgleich.de/schlichtung/eignun/.

fahrens (hinsichtlich der Durchsetzung von Schmerzensgeld- und Schadensersatzansprüchen) erspart".[306]

Der Verfahrensablauf bei der Brücke-München e. V. sieht folgendermaßen aus[307]:

- **Eröffnungsphase**
  Zu Beginn werden der Ablauf und Gesprächsregeln und auch die Rolle des Mediators erläutert. Weiter werden die Themen, die im Gespräch behandelt werden sollen, gesammelt.
- **Definitionsphase**
  Im Anschluss daran haben die Beteiligten die Gelegenheit, ihre persönliche Wahrnehmung der Konfliktsituation zu schildern. Dabei ist auch Raum für die Thematisierung von Gefühlen, Kränkungen, psychischen und körperlichen Verletzungen sowie materiellen Schädigungen, die durch den Konflikt entstanden sind.
- **Verhandlungsphase**
  Die darauffolgende Gesprächsphase dient der Suche nach Lösungs- und/oder Wiedergutmachungsmöglichkeiten.
- **Abschlussphase**
  Vor Beendigung des Gesprächs findet eine kurze Abschlussrunde statt. In dieser wird die Zufriedenheit der Beteiligten mit dem Ergebnis überprüft.

b) Schlichtung

Andere TOA-Institutionen verstehen ihre Arbeit als Schlichtung, so der Ausgleich e.V., bei dem die Schadenswiedergutmachung im Mittelpunkt steht. Mit der Arbeit sind Schlichtungsanwälte betraut, die vom Vereinsvorstand aufgrund von Vorschlägen des Münchener AnwaltVereins, der Rechtsanwaltskammer München und der Strafverteidigervereinigung ausgesucht wurden.

Als Voraussetzungen für ein Schlichtungsverfahren werden genannt:

- Freiwilligkeit der Beteiligten
- Ansprechpartner auf der Opferseite
- Übernahme der Verantwortung
- Kein Bagatelldelikt
- Zuständigkeit eines bayerischen Gerichts.[308]

Der Schlichter arbeitet mit mediativen Mitteln. Im Verhältnis zum Mediator nimmt er eine aktivere Rolle ein. Er kann auch Vorschläge einbringen. Direkte persönliche Begegnungen zwischen den Beteiligten kommen vor,

---

[306] Brücke e. V. (Hrsg.), Prävention, Mediation, Sanktion, Die Konzeptionen der Brücke München, 2013, S. 84.

[307] Brücke e. V. (Hrsg.), Prävention, Mediation, Sanktion, Die Konzeptionen der Brücke München, 2013, S. 92 f.

[308] S. www.ausgleich.de/schlichtung/eignun/.

sind aber nicht die Regel. Das liegt daran, dass eine direkte Begegnung mit dem Täter vom Opfer in vielen Fällen, vor allem bei schwereren Delikten (beispielsweise Sexualdelikten), abgelehnt wird. Meistens verhandelt der Schlichtungsanwalt nach dem Prinzip der Shuttle-Mediation abwechselnd mit beiden Seiten. Soweit dies von den Beteiligten gewünscht wird, werden die Anwälte der Beteiligten (Verteidiger, Opferanwalt) mit in das Schlichtungsverfahren einbezogen. Sofern die Beteiligten sich schwertun, ausreichend Ideen zu entwickeln, unterbreitet der Schlichter auch Lösungsvorschläge. Das Ergebnis der Verhandlungen wird in einer Schlichtungsvereinbarung fixiert, die von den Parteien unterschrieben wird.

Der Verfahrensablauf sieht beim Ausgleich e.V. wie folgt aus[309]:

- **Initiative**
  Die Initiative zu einer Schlichtung kann sowohl von der Beschuldigten- wie von der Opferseite oder deren Anwälten ausgehen. In vielen Fällen kommt die Anregung von der Staatsanwaltschaft oder vom Strafgericht.
- **Vorprüfung, Schlichterauswahl**
  Zunächst wird geprüft, ob der Fall geeignet erscheint. Sofern dies der Fall ist, beauftragt der Geschäftsführer des Vereins einen geeigneten Schlichter.
- **Arbeit des Schlichters**
  Der Schlichtungsanwalt erkundigt sich zunächst bei der Partei, die das Verfahren angeregt hat, nach ihren Interessen. Anschließend fragt er bei der anderen Seite – meist schriftlich – an, ob Bereitschaft zu einer Schlichtung besteht.
  Sind die Parteien anwaltlich vertreten, setzt er sich stattdessen mit deren Anwälten in Verbindung. Besteht Bereitschaft zur Durchführung eines Schlichtungsverfahrens, so wird die weitere Vorgehensweise besprochen.
- **Schlichtungsvereinbarung**
  Ist eine Lösung gefunden, wird diese in einer Schlichtungsvereinbarung festgehalten. Der Ausgleich e.V. ist Schlichtungsstelle im Sinne des § 794 ZPO. Daher kann die Schlichtungsvereinbarung als vollstreckbare Urkunde erstellt werden, aus der die Zwangsvollstreckung möglich ist. Dies hat für das Opfer den Vorteil, dass kein zivilrechtliches Verfahren mehr erforderlich ist.

c) Circles

Ein neuer Ansatz wird bei den von *Dominic Barter* entwickelten „Restorative Circles“, teilweise auch als Kreisgespräche oder Friedenszirkel bezeichnet, verfolgt.

---

[309] S. www.ausgleich.de/schlichtung/procedere-eines-schlichtungsverfahrens/.

Konflikte werden als etwas gesehen, was nicht nur die Konfliktparteien betrifft, sondern auch das soziale Umfeld. Dementsprechend wird die Konfliktlösung angegangen. Die Bearbeitung des Konflikts erfolgt innerhalb der „Konfliktgemeinschaft".[310] Ein Restorative Circle bringt drei Gruppen zusammen: Diejenigen, die gehandelt haben, diejenigen, auf die sich diese Handlung bezieht, und diejenigen aus dem sozialen Umfeld, die davon betroffen sind.

Die Grundprinzipien der Restorative Circles sind:
- Alle Betroffenen werden mit einbezogen.
- Alle kommen freiwillig.
- Jeder ist gleichberechtigt.
- Das Ergebnis ist offen.

Die Konfliktparteien werden gebeten, weitere Personen zu benennen, die bei der Konfliktbearbeitung helfen könnten. Diese werden gefragt, ob sie bereit sind, an einem Kreis teilzunehmen und können ihrerseits weitere Personen benennen. Das können Familienmitglieder, Freunde, Kollegen, Nachbarn, Sozialarbeiter usw. sein.[311] Jeder kommt freiwillig, mit der Absicht, Verantwortung für das Geschehene und das Kommende zu übernehmen.

In einem gezielt systemischen Kontext findet ein Dialog unter Gleichen statt. Der Prozess in diesem Dialog wird von einem Mitglied aus dem sozialen Kontext begleitet. Er endet, wenn konkrete Aktionen gefunden sind, aus denen alle einen Gewinn ziehen können.[312]

Der Ablauf gliedert sich in drei Abschnitte.

- **Precircle**

  Im Precircle wird geklärt, was zur Anregung des Kreises geführt hat. Der Ablauf eines Circles wird vorgestellt. Die Konfliktparteien werden gefragt, welche Personen bei dem Circle anwesend sein sollen. Diese Personen werden kontaktiert, um ihnen die Gelegenheit zu geben, sich auf die Konfliktsituation einstellen zu können. Eventuell werden von ihnen weitere Personen benannt, die ihrer Meinung nach bei dem Circle anwesend sein sollen. Gegebenenfalls sind auch diese vorweg zu kontaktieren. Alle Personen werden zum Circle eingeladen.
- **Circle**

  Die als Facilitator bezeichnete Person leitet den Circle. Die Aufgabe des Facilitators besteht darin, alle Teilnehmer dabei zu unterstützen, sich zuzuhören, indem er darum bittet, das wiederzugeben, was sie gehört ha-

[310] S. dazu nur das mit *Dominic Barter* geführte Interview in TOA-Infodienst Nr. 42 (2011), RJ-11 ff. S. weiterhin die zusammenfassende Darstellung bei *Ehret* TOA-Magazin Nr. 1 (2013), 36 ff. sowie die Fallschilderung bei *Zupke* TOA-Infodienst Nr. 46 (2013), 47 ff.

[311] Tau magazin für barfußpolitik 2013, 64.

[312] S. www.kreisgespraeche.org/einleitung/.

ben, nicht die Worte selbst, sondern die Aussage, die hinter Worten oder Handlungen steht.
Wichtig ist, Raum zu lassen für den Schmerz und um zu lernen, so dass Heilung geschehen kann. Am Ende steht die Frage, wie in Zukunft anders gehandelt werden könnte. Es werden Alternativen vorgeschlagen, Angebote gemacht und Aktionen vereinbart.[313]

- **Postcircle**
  Nach einer gewissen Zeitspanne treffen sich die Teilnehmer des Circles erneut, um sich über die Umsetzung der vereinbarten Aktionen auszutauschen.

4. Finanzierung

Im Allgemeinen arbeiten die TOA-Stellen für die Beteiligten kostenfrei. Ausnahmen gibt es nur wenige. Beim Ausgleich e.V. sind Schlichtungen im Bereich der Wirtschaftsstrafverfahren, in denen über hohe Summen verhandelt wird, ausgenommen. In diesen Fällen wird mit der Beschuldigtenseite eine Vergütungsvereinbarung abgeschlossen.[314]

Die Finanzierung der TOA-Arbeit erfolgt auf verschiedenen Wegen.

Bundesmittel stehen dafür nicht zur Verfügung. Das vom Bund geförderte Servicebüro für TOA und Konfliktschlichtung beschränkt sich auf organisatorische Belange.

In den meisten Bundesländern werden Mittel aus dem Landeshaushalt für die TOA-Arbeit zur Verfügung gestellt. Ausnahmen sind Bayern, Schleswig-Holstein und Thüringen.[315]

Bei TOA-Stellen, die einen Träger haben, erfolgt die Finanzierung durch diesen. Dies gilt insbesondere für die kommunalen und kirchlichen Stellen.

Die übrigen Stellen sind auf Zuwendungen von dritter Seite angewiesen.

Eine wichtige Finanzierungsquelle sind Auflagengelder der Justiz. Staatsanwaltschaften und Gerichte können die Einstellung des Verfahrens unter bestimmten Umständen von der Zahlung einer Geldauflage abhängig machen, über deren Verwendung sie entscheiden können.

Die Brücke-München e.V. wird zu einem großen Teil durch Auflagengelder finanziert. Hinzu kommen Haushaltsmittel der Stadt München.

Der Ausgleich e.V. geht auf die Initiative einer Einzelperson zurück, die auch einen namhaften Betrag zur Anschubfinanzierung zur Verfügung stellte. Damit konnte die Projektarbeit in den ersten Jahren bestritten werden. Die weitere Finanzierung erfolgte aus dem bayerischen Justizhaushalt – bis

---

[313] S. Tau magazin für barfußpolitik 2013, 65.
[314] S. www.ausgleich.de/schlichtung/procedere-eines-schlichtungsverfahrens/.
[315] S. www.toa-servicebuero.de/sites/toa-servicebuero.de/files/bibliothek/toa_arbeitsgemein.pdf/.

diese im Zuge einer Haushaltskürzung eingestellt wurde. Seitdem finanziert sich der Ausgleich e.V. im Wesentlichen durch Auflagengelder der Justiz.

Spendengelder dürften überall gerne gesehen sein, aber nur einen geringen Teil der Einnahmen ausmachen.

III. Perspektiven

Jede am Strafverfahren beteiligte Berufsgruppe hat beim TOA eine andere Perspektive und besondere Interessen vor Augen. So geben die Staatsanwaltschaften häufig die Fälle in die Schlichtung, die sie anschließend einstellen können. Gerichte übersenden höherrangige Delikte, bei denen ihnen ein Ausgleich zwischen Täter und Opfer sinnvoll erscheint. Strafverteidiger verfolgen regelmäßig das Ziel, mit dem TOA „Pluspunkte" für ihre Mandanten zu sammeln. Opferanwälte versuchen über den TOA, für Ihre Mandanten eine schnelle und umfassende Kompensation zu erreichen.

Wir haben Interviews mit

- einem Opferanwalt
- einem Strafverteidiger
- einer Staatsanwältin
- einem Jugendrichter
- einem Strafrichter

geführt (teilweise schriftlich) und dabei jeweils die gleichen Fragen gestellt. Die Antworten machen die Unterschiede deutlich.

1. Interview Strafverteidiger

Herr Rechtsanwalt Amelung, Sie sind ein engagierter Strafverteidiger und haben sich dankenswerterweise zu diesem Interview bereiterklärt.

Wie sind Ihre Erfahrungen mit dem TOA?

Meine persönlichen Erfahrungen sind durchweg gut bis sehr gut. Nach wie vor sind gerade Richter in der Hauptverhandlung beim Amtsgericht positiv überrascht, wenn sie erfahren, dass ein TOA unter Einschaltung eines Mediators oder eines TOA-Projektes (wie beispielsweise des Ausgleichs e. V. in München) stattgefunden hat. Die Überraschung kann so weit gehen, dass es hin und wieder vorkommt, dass Richter den durchgeführten TOA ausschließlich als Erfolg des Verteidigers ansehen wollen, ohne dies dem Angeklagten zugute kommen zu lassen. So meinte ein Vorsitzender in einer Urteilsbegründung:

„Das war ja nicht die Idee des Angeklagten, sondern seines Verteidigers."

Insoweit empfiehlt es sich, von Anfang an als Verteidiger klarzustellen, dass man der Bitte des Mandanten auf Durchführung eines TOA nachgekommen sei.

Die richterlichen Reaktionen zeigen aber auch, dass in der strafprozessualen Praxis der TOA noch lange nicht zum Standard-Verteidiger-Repertoire gehört. Bedenkt man, dass § 46a StGB mit dem sog. Verbrechensbekämpfungsgesetz Ende 1994 in Kraft getreten ist, fragt man sich, wann diese Vorschrift wirklich im Alltag des Strafprozesses als „Routine-Verteidigungsoption" ankommt. Allerdings muss in diesem Zusammenhang ebenso deutlich darauf hingewiesen werden, dass auch in der staatsanwaltschaftlichen Praxis § 155a StPO weitestgehend unberücksichtigt bleibt. § 155a StPO wurde dem § 46a StGB Ende 1999 als verfahrensrechtliche Vorschrift zur Seite gestellt. Sie hält Staatsanwaltschaft und Gericht dazu an,

„in jedem Stadium des Verfahrens die Möglichkeit zu prüfen, einen Ausgleich zwischen Beschuldigten und Verletzten zu erreichen".

Es wird ausdrücklich gefordert, dass in geeigneten Fällen darauf hingewirkt werden solle. Ich jedenfalls habe dies bisher noch in keinem Verfahren erlebt. Ebenso habe ich noch nie gehört, dass ein Polizeibeamter oder gar ein Staatsanwalt oder Richter gem. § 136 Abs. 1 Satz 4 StPO vor einer Vernehmung in geeigneten Fällen auf die Möglichkeit eines TOA hingewiesen hat. Bedenkt man, dass der TOA im Strafverfahren nicht nur im Interesse des Beschuldigten/Angeklagten, sondern auch und gerade im Interesse des mutmaßlichen Opfers steht, ist das Desinteresse auf Seiten der Justiz ebenso beschämend wie die Apathie auf Seiten der Verteidiger.

Gibt es einen Fall, den Sie besonders erwähnen möchten?

Letztendlich sind insbesondere die Fälle, in denen es zu Körperverletzungen kam, deshalb besonders erwähnenswert, weil hier bei einem erfolgreich durchgeführten TOA tatsächlich regelmäßig auch eine Aussöhnung zwischen den Beteiligten stattfindet. Ich kann mich an einen Fall erinnern, dem eine Schlägerei in einer beliebten Münchener Bar zwischen einem Kellner und einem Gast zugrunde lag. Nach erfolgreich durchgeführtem TOA entwickelte sich sogar eine Art Freundschaft zwischen dem Angeklagten und dem Geschädigten. Der Amtsrichter wollte dies zunächst gar nicht glauben und fragte den Geschädigten als Zeugen, ob er etwa vom Angeklagten unter Druck gesetzt worden sei. Erst nachdem der Zeuge sehr frei die Entwicklung im Verhältnis zum Angeklagten, die mit dem TOA einsetzte, schilderte und ich dem Vorsitzenden ebenfalls versicherte, dass es nur unter Einschaltung eines Mediators zu dem Erstkontakt zwischen Geschädigtem und Mandanten nach der Schlägerei gekommen sei, wechselte die Miene des Vorsitzenden von Misstrauen zu großer Freude. Das Verfahren wurde dann in der Hauptverhandlung noch nach § 153a Abs. 2 StPO eingestellt.

Was waren die Erwartungen auf Ihrer Seite?

Ich hatte in der zweiten Hälfte der 1990er Jahre, als ich damals noch selbst im Interesse meiner Mandanten versuchte, einen TOA zu erreichen, die Erfahrung gemacht, dass sich im Ermittlungsverfahren der Kontakt mit den Geschädigten und ggf. deren Anwälten überaus schwierig gestaltete. Dies führte dazu, dass ein TOA meist erst in der Hauptverhandlung gelang, wenn der Richter bereit war, „fürsorglichen Druck“ auf den Geschädigten auszuüben. Ich war deshalb mehr als positiv überrascht, dass es den später von mir eingeschalteten Mediatoren viel leichter gelang, vorprozessual eine TOA-Vereinbarung zustande zu bringen. Seitdem werde ich selbst, wenn überhaupt, nur noch in Wirtschaftsstrafverfahren für den Mandanten tätig, um einen TOA zu erreichen, denn in diesen Verfahren geht es naturgemäß meist um die Frage, wie viel Geld an die Geschädigten zurückfließen kann und wie sich etwaige Kompensationszahlungen auf das Strafverfahren, insbesondere die Strafzumessung auswirken. In diesen Fällen beherrscht der Strafverteidiger das Geschäft des „Dealens“ meist besser als ein Mediator, weil er entschiedener und einseitiger die Strafzumessungsinteressen seines Mandanten in den einer strafprozessualen Verständigung vorausgehenden Gesprächen mit Staatsanwaltschaft und Gericht zu Gehör bringen kann. Dem eingeschalteten Mediator wird bei diesen Gesprächen ja kein Gehör gewährt. Zudem könnte er ohnehin nicht so parteiisch und damit auch nicht mit dem erforderlichen Geschick und der gebotenen Finesse für die Interessen des Angeklagten streiten. Hinzukommt, dass in nicht wenigen Wirtschaftsstrafsachen die Interessen der Geschädigten auch von Staatsanwaltschaft und Gericht als nicht so schutzwürdig erachtet werden wie in allgemeinen Strafsachen. So wird in Korruptionsstrafsachen regelmäßig die von der Untreue betroffene Firma als nicht schutzwürdig angesehen, wenn sie ihrerseits nicht ausreichend im Rahmen firmeninterner Compliance gegen korruptive Handlungen von Mitarbeitern vorgegangen ist.

Waren die durchgeführten Verfahren aus Ihrer Sicht erfolgreich?

Diese Frage kann ich ausnahmslos mit „Ja“ beantworten. Selbst die wenigen Verfahren, in denen es nicht zu einem erfolgreichen TOA kam, waren insoweit erfolgreich, als die Bemühungen meiner Mandanten sich deutlich positiv auf die Strafzumessung auswirkten. Ich kann mich an zwei Fälle erinnern, in denen sich die Geschädigten vollständig einem TOA verweigerten. In diesen Fällen hatte ich den Eindruck, dass auf Seiten der Richter diese „TOA-Vereitelung“ dazu führte, dass die Versuche, einen TOA herbeizuführen, besonders positiv im Rahmen der Strafzumessung jenseits des § 46a StGB zugunsten des Angeklagten berücksichtigt wurden.

Konnte die gefundene Lösung umgesetzt werden?

Ich würde aus dem Bauch heraus behaupten wollen, dass in mehr als 90 % der Fälle die von den eingeschalteten Mediatoren vorgeschlagenen schriftlichen TOA-Vereinbarungen letztendlich auch durchgeführt wurden.

Welche Delikte halten Sie grundsätzlich für geeignet?

Zunächst sind die Delikte zu nennen, die auf Seiten des Geschädigten zu Ehrverletzung oder Verletzungen der körperlichen Unversehrtheit führen. Dies gilt für das Jugendstrafrecht wie für das Erwachsenenstrafrecht.

Des Weiteren sind die Fälle zu nennen, bei denen ein Vermögensschaden eingetreten ist. Hierbei spielt es letztendlich keine Rolle, ob es sich auf Seiten des Geschädigten um eine natürliche oder juristische Person handelt. Heftig umstritten ist in der juristischen Literatur allerdings die Frage, ob auch in „opferlosen" Fällen, also Fällen in denen die Allgemeinheit oder der Staat geschädigt wurde, ein TOA möglich sein soll. Ebenso ist die Möglichkeit eines TOA im Steuerstrafrecht umstritten, was jedoch den Verteidiger in der Praxis nicht davon abhalten sollte, den § 46a StGB bei vollständiger Schadenswiedergutmachung den Finanz- und Strafverfolgungsbehörden, insbesondere aber dem Gericht „schmackhaft" zu machen.

Welche Bedingungen sollten auf Seiten des Täters erfüllt sein, damit ein TOA gelingen kann?

Es ist vorteilhaft, wenn der Sachverhalt klar ist. Dies bedeutet, dass auf Seiten des Mandanten mindestens dahingehend Klarheit besteht, dass jemand geschädigt wurde und dass der Mandant bereit ist, für diese Schäden einzustehen. Dies bedeutet noch nicht, dass der Mandant ein Geständnis ablegen muss, da hierzu auch eine subjektive Komponente erforderlich ist, die unabhängig von der Bereitschaft zur Schadenswiedergutmachung mit guten Gründen ggf. verneint werden kann.

Des Weiteren ist es hilfreich, wenn der Mandant in der Lage ist, entweder durch den Einsatz von Zeit oder Geld die Schäden zu kompensieren. Es sollte sich auch nicht um ein Bagatelldelikt handeln, weil in diesen Fällen zunächst eine Einstellung nach § 153 StPO oder § 153a StPO erstrebt werden sollte. Allerdings ist es durchaus möglich, dass eine Einstellung nach § 153a StPO erst nach erfolgreichem TOA erreicht werden kann.

Im Übrigen muss auch immer bedacht werden, dass es sich um einen Fall handeln sollte, bei welchem es für den Mandanten nicht nachteilig sein könnte, wenn etwaig eingeschaltete Mediatoren später als Zeugen vernommen werden sollten, da diesen regelmäßig kein Zeugnisverweigerungsrecht zusteht. Nur wenn ein Anwalt für den strafrechtlich Verfolgten als dessen Anwalt mit der Aufgabe der Schadenswiedergutmachung tätig wird, kann er sich auf ein Zeugnisverweigerungsrecht berufen.

Halten Sie einen TOA auch während des Strafvollzugs für sinnvoll?

Ich halte zumindest in den Fällen einen TOA während des Strafvollzuges für sinnvoll, in welchen hierdurch eine vorzeitige Haftentlassung zum 2/3- oder Halbstrafenzeitpunkt erreicht werden kann. Auch ein TOA erst während des Vollzuges kann dazu führen, dass „*besondere Umstände*“ im Sinne von § 57 Abs. 2 Nr. 2 StGB bejaht werden. In diesen Fällen sollte der Verteidiger vorher Kontakt zur Vollstreckungsbehörde und Vollstreckungskammer aufnehmen, um zu erkunden, ob und ggf. was konkret für den Mandanten mit einem TOA erreicht werden kann.

Haben Sie Ideen, was man noch verbessern könnte?

Ich würde es begrüßen, wenn in den klassischen Fällen eines TOA (insbesondere bei Gewaltdelikten oder in den Fällen einer Vermögensschädigung) von Seiten der Staatsanwaltschaft und der Gerichte, aber auch auf Seiten der Verteidiger der TOA durch Einschaltung professioneller Mediatoren als institutionalisierte Möglichkeit angeboten werden würde, um so in weit mehr Fällen als bisher zu § 46a StGB als Entschädigungswohltat für Geschädigte und als Strafzumessungswohltat für Beschuldigte zu gelangen.

Möchten Sie noch etwas ergänzen?

Nein.

2. Interview Opferanwalt

Herr Dr. Schreiber, Sie sind ein engagierter Opferanwalt und haben sich freundlicherweise zu diesem Interview bereiterklärt.

Wie sind Ihre Erfahrungen mit dem TOA?

Meine Erfahrungen mit dem TOA sind durchgehend positiv. Das soll nicht unbedingt heißen, dass es immer und zu 100 % gut läuft und geeignet ist, aber bei mir ist es so, dass ich den TOA immer sehr ausführlich vorher mit dem Opfer bespreche und wir dann gemeinsam abwägen, ob es sinnvoll ist und vor allem ob es für das Opfer auch vorstellbar ist. Und wenn das am Ende der Fall ist und wir den Versuch unternehmen, dann kann ich sagen, ist es sehr gut gelaufen, vor allen Dingen so gelaufen, dass das Opfer am Ende sagen konnte, für mich ist das ein Ergebnis, mit dem ich gut leben kann.

Gibt es einen Fall, den Sie erwähnen möchten?

Tatsächlich gibt es einen Fall, der zunächst sehr aufregend war und sehr spannend mit einem wirklich guten TOA geendet ist. Das war eine Sache, die eigentlich eine Nachbarschaftsstreitigkeit war mit langer Vorgeschichte und jahrelangem Streit, und es endete dann in einer ziemlich massiven

Körperverletzung durch einen Nachbarn zu Lasten des anderen. Ich habe dann natürlich den Geschädigten vertreten und habe zunächst bei der Staatsanwaltschaft die Vertretung angezeigt und habe dann relativ postwendend die Antwort erhalten, dass die ganze Geschichte auf den Privatklageweg verwiesen wurde und damit das Verfahren eigentlich am Ende war, weil wir im Privatklageverfahren – wie nicht selten – eine ganz schlechte prozessuale Situation hatten. Es gab keine Zeugen, und wenn der Geschädigte Privatkläger ist, hat er eigentlich gar kein Beweismittel. Wir mussten immerhin damit rechnen, dass der Täter leugnet, das hat er zunächst bei der Polizei auch getan. So konnte man nach Abwägung von Erfolgsaussichten und Kostenrisiko eigentlich gar nicht empfehlen, das auf dem Privatklageweg durchzuführen. Ich habe dann versucht, im Beschwerdeverfahren das ganze Ding wieder in Gang zu kriegen. Die Staatsanwaltschaft hatte zum Zeitpunkt der Verweisung auf den Privatklageweg nicht einmal ein Verletzungsbild, und das waren massive Verletzungen mit Rippenbrüchen und schweren Hämatomen usw. Es ist uns dann tatsächlich gelungen, nicht zuletzt mit dem Argument, wir würden in der Sache gerne einen TOA durchführen, das Verfahren wieder in Gang zu kriegen. Die Staatsanwaltschaft hat der Beschwerde stattgegeben und das Verfahren fortgesetzt und wir haben in diesem Verfahren, das tatsächlich dann zur Anklage kam und auch bis zur Hauptverhandlung durchgeführt worden ist, einen sehr guten TOA zustande bekommen. Der Täter hat sich mit seinem Anwalt zusammen eines Besseren besonnen, hat gestanden und hat wirklich ein vernünftiges Schmerzensgeld bezahlt und hat vor allen Dingen sich verpflichtet, bis zum Jahresende aus seiner Wohnung auszuziehen, so dass dieser Nachbarschaftsstreit durch Wegzug des Täters beendet ist. Das ist natürlich ein ganz tolles Ergebnis, weil nicht nur sämtliche zivilrechtlichen Ansprüche erledigt sind, sondern eben auch dieser Nachbarschaftsstreit ein für alle Mal beendet werden konnte und das war wirklich für alle Beteiligten ein sehr erfreuliches Ergebnis.

Was waren die Erwartungen auf Ihrer Seite?

Die Erwartungen in diesem Verfahren waren natürlich zunächst, dass wir das Strafverfahren wieder in Gang bringen, das war das Wichtigste, und ich denke, dass hier auch das Argument, wir wollen einen TOA durchführen, durchaus bei der Staatsanwaltschaft etwas bewirkt hat. Im Übrigen war die Hoffnung natürlich die, dass wir die gesamten zivilrechtlichen Forderungen meines Mandanten in dem Verfahren dann mit erledigen können, so dass man dem Mandanten auch sagen kann, das wäre dann alles in einem Aufwasch erledigt, man müsste nicht noch in ein weiteres zivilrechtliches Verfahren mit der ganzen Geschichte. Das haben wir tatsächlich alles wunderbar hingekriegt. Das Besondere an dem Fall war sicherlich, dass wir im Grunde ja noch mehr erreicht haben dadurch, dass wir den Täter dazu verpflichten konnten, dass er seine Wohnung räumt. Damit haben wir etwas erreicht, was wir auf dem normalen Rechtsweg gar nicht hätten einklagen oder durchsetzen können. Insoweit haben wir wirklich hier einen zusätzlichen Erfolg erzielt über den TOA, der anders gar nicht möglich gewesen wäre.

Konnte die gefundene Lösung umgesetzt werden?

Das kann ich ganz aktuell berichten: Zum einen ist nach der Hauptverhandlung entsprechend der Vereinbarung das Geld gleich geflossen. Die Sache mit dem Umzug sollte zum Jahresende erfolgen, da habe ich gerade vor einigen Tagen vom Täter eine Email erhalten, dass er jetzt schon in den Umzugsvorbereitungen ist und mein Mandant hat dann auch bestätigt, dass er gesehen hat, dass drüben ausgeräumt wird. Also da können wir sicher sein, dass diese Sache auch erfüllt wird, und zwar sogar noch früher als vereinbart. Insofern ist das alles ganz prima gelaufen.

Welche Delikte halten Sie grundsätzlich für geeignet?

Das ist eine etwas delikate Frage, weil ich natürlich weiß, dass es sehr viele Opfer-Vertreter gibt und auch Opfer-Verbände, die der Meinung sind, dass es bestimmte Deliktsgruppen gibt, die überhaupt nicht geeignet sind, insbesondere Sexualstraftaten. Ich bin hier etwas anderer Meinung, muss ich sagen, ich habe auch andere Erfahrungen gemacht. Ich bin der Meinung, dass man ganz grundsätzlich überhaupt nichts ausschließen kann beim TOA, sondern dass es immer auf die besondere Konstellation ankommt, auf die Gegebenheiten des Falles, auf den Charakter des Opfers vielleicht auch ein bisschen, ob es sich das vorstellen kann, ob es ein Delikt ist, das im privaten Bereich stattgefunden hat, und vielerlei Dinge mehr, die hier eine Rolle spielen. Deswegen denke ich, es sollte auf jeden Fall vom Opferanwalt mit dem oder der Geschädigten besprochen werden, dass es die Möglichkeit des TOA gibt. Man muss dabei von Anfang an klar machen, dass es die freie Entscheidung des Opfers ist, ob es sich so etwas vorstellen kann oder nicht. Selbst wenn man den Versuch unternimmt, kann man den ja auch jederzeit abbrechen, wenn man feststellt, das führt zu nichts oder das ist zu belastend für das Opfer etc. Aber ich würde nicht von Anfang an sagen, wenn ich z. B. eine Vergewaltigung habe oder wenn ich einen sexuellen Missbrauch habe, dass ich den TOA von vorneherein ausschließe. Ich würde auch sagen, dass, wenn ich das gar nicht anbiete und die Möglichkeit den Betroffenen gar nicht aufzeige, dann bevormunde ich eigentlich das Opfer, weil ich ihm gar nicht die Wahlfreiheit lasse. Es gibt natürlich viele Betroffene, gerade bei Sexualstraftaten, die sagen, das kann ich mir überhaupt nicht vorstellen, das kommt für mich nicht in Frage. Dann ist das Thema beendet. Aber wenn man es sich grundsätzlich vorstellen kann, habe ich auch in diesem Bereich schon gute Erfahrungen gemacht, dass man durchaus sinnvolle Vereinbarungen getroffen hat. Ich kann auch ein Beispiel nennen: Ich habe in einem Missbrauchsverfahren einen 8-jährigen Jungen vertreten, der von seinem Sporttrainer über einen längeren Zeitraum missbraucht worden ist, und da haben wir, wie ich finde, eine ganz sinnvolle TOA-Vereinbarung gemacht, die einige Leistungen beinhaltet, die dann zwar erst nach der Haftentlassung greifen, aber wir haben die Ansprüche aus der Verjährung genommen und wir haben hier eine Zusage und auch eine Titulierung von Forderungen erreicht, die wir auf dem Zivilrechtsweg nur mit größter Mühe hätten durchsetzen können, die insofern auch für die betroffene Familie glaube ich ein gutes Ergebnis war. Das hat die Familie auch so gesehen. Insofern gibt es tatsächlich auch konkrete Beispiele dafür, dass in einem Bereich, der auf den ersten Blick vielleicht nicht geeignet erscheint, in Einzelfällen aber doch ein TOA möglich ist.

Welche Bedingungen sollten auf Seiten des Opfers erfüllt sein, damit ein TOA gelingen kann?

Aus meiner Sicht gibt es keine Grundbedingungen, die man nach einem bestimmten Schema abrufen kann, sondern es ist natürlich immer eine ganz individuelle Entscheidung der Betroffenen, ob sie sich das vorstellen können. Ich meine, dass zunächst einmal die einzige wirkliche Bedingung die ist, dass das Opfer sich das grundsätzlich vorstellen kann, mit der Täter-Seite eine Vereinbarung zu treffen. Für manche ist das Wort „Vereinbarung“ ein rotes Tuch und dann geht es nicht. Aber wenn da grundsätzlich Bereitschaft besteht, dass man was vereinbart, ist aus meiner Sicht der Weg frei. Und, was man dem Opfer unbedingt natürlich von Anfang an sagen muss, dass der Täter auch ein eigenes Interesse damit verfolgt, weil es zumindest ein Strafmilderungsgrund ist, wenn nicht zur Strafrahmenverschiebung führt, also – unjuristisch gesagt – das Opfer muss natürlich damit rechnen, dass der Täter durch diesen TOA etwas glimpflicher davonkommt, als es ohne diesen TOA der Fall wäre. Darüber muss natürlich auf der Opferseite Klarheit geschaffen werden. Wenn das Opfer sagt, damit kann ich leben, sind die Bedingungen erfüllt und alles Weitere hängt vom Einzelfall ab.

Halten Sie einen TOA auch während des Strafvollzugs für sinnvoll?

Ich muss ehrlich sagen, dass ich damit keine persönlichen Erfahrungen habe. Ich weiß, dass der Gesetzgeber diese Möglichkeit vorgesehen hat, aber es stellt sich da natürlich die Frage, ob der Täter tatsächlich nach der rechtskräftigen Verurteilung noch irgendetwas anbieten kann, was für das Opfer überhaupt interessant ist. Aber ich würde das auch nicht von vorneherein ausschließen. Es kann ja im Einzelfall mal sein. Natürlich können auch kleinere Geldsummen fließen, wenn jemand in der Haft berufstätig ist und dort ein bisschen was verdient, kann er davon etwas abzweigen. Das wäre zumindest eine Geste in Richtung des Opfers, die vielleicht auch durchaus etwas Positives bewirken kann. Insofern gilt da das schon Gesagte. Das muss man mit dem Opfer besprechen. Wenn grundsätzlich Bereitschaft dazu besteht, würde ich das zumindest nicht von vorneherein ausschließen, wobei ich natürlich schon sehe, dass – zumindest wirtschaftlich betrachtet – die besseren Ergebnisse vor der Hauptverhandlung bzw. vor dem Urteil zu erzielen sein dürften. Aber da darf man auch auf die Erfahrungen warten. Das ist ja auch etwas, was in der Praxis noch nicht allzu oft vorkommt.

Haben Sie Ideen, was man noch verbessern könnte?

Ich meine, dass ein Ansatzpunkt wäre, dass der Vorschlag, einen TOA zu versuchen, öfter noch von Seiten der Justiz bzw. am besten von Seiten der Staatsanwaltschaft kommen sollte, weil ich die Erfahrung gemacht habe, wenn die Anregung zu einem TOA von der Verteidigerseite kommt, tue ich mich erheblich schwerer, als wenn sie von anderer Seite kommt, weil das Opfer natürlich bei allen Vorschlägen, die seitens der Verteidigung unterbreitet werden, mit einer gewissen Skepsis behaftet ist, was man durchaus verstehen kann; und dann ist es für mich erheblich mehr Überzeugungsarbeit, die ich leisten muss, als wenn es von mir oder von der Justiz kommt. Ich entfliehe dem manchmal dadurch, dass ich als Opferanwalt den TOA anrege und entsprechend bei der Staatsanwaltschaft anklopfe. Manchmal gelingt es, den Staatsanwalt dazu zu bringen, dass er es vorschlägt, oder er übermittelt den Vorschlag an die Verteidigung. Ich gehe auch manchmal direkt an die Verteidigung. Das ist alles besser, als wenn es von der Verteidigung kommt aus meiner Sicht. Insofern wäre es schon wünschenswert, wenn die Staatsanwälte dazu angehalten werden, wenn sie Fälle auf den Tisch bekommen, auch mit dem prüfenden Blick ihre Akten anzuschauen, ob das nicht ein geeigneter Fall wäre, weil ich denke, dass die Erfolgsaussichten und die Bereitschaft auf beiden Seiten, daran dann auch teilzunehmen, höher wäre, als wenn es von einer betroffenen Seite kommt.

Möchten Sie noch etwas ergänzen?

Vielleicht eine Sache noch, die mir wichtig erscheint, weil wir hier in München ja dadurch eine Besonderheit haben, dass wir mit dem Ausgleich e. V. eine Institution haben, die sich dem TOA verschrieben hat: Ich meine, dass das wirklich eine sehr gute Sache ist, dass man auch bei der Überzeugungsarbeit, einen TOA durchzuführen, den Betroffenen sagen kann, es gibt hier noch eine neutrale Stelle, über die das läuft, und man nicht befürchten muss, dass man in die eine oder andere Richtung beeinflusst wird, sondern dass da wirklich noch eine Anwältin oder ein Anwalt dazwischen ist, die/der versucht, das in neutraler Weise und möglichst schonend auch für das Opfer zu machen. Damit habe ich sehr gute Erfahrungen gemacht.

3. Interview Staatsanwältin

Sehr geehrte Frau Staatsanwältin Wosylus, Sie sind Gruppenleiterin bei der Staatsanwaltschaft München I und haben sich freundlicherweise zu diesem Interview bereiterklärt.

Wie sind Ihre Erfahrungen mit dem TOA?

Ich kann jetzt natürlich nur für mich sprechen. Meine Erfahrungen mit dem TOA sind grundsätzlich sehr gut. Wir sind in der Regel „Schreibtischtäter". Wir kennen die Personen hinter den Akten nicht und der Vorteil des TOA für uns ist der, dass sich jemand auch mit den Personen beschäftigt, die hinter den Akten stehen.

Gibt es einen Fall, den Sie besonders erwähnen möchten?

Nein, ein konkreter Fall ist mir leider nicht in Erinnerung. Wir haben natürlich eine Vielzahl von Fällen, die alle dem Grunde nach sehr ähnlich sind, so dass mir ein konkreter Fall nicht in Erinnerung ist.

Was sind die Erwartungen bei einem TOA auf Ihrer Seite?

Für uns ist es natürlich von Vorteil, wenn wir eine Verfahrenserledigung erwirken können, ohne den Kostenfaktor einer Hauptverhandlung, die dennoch allen Interessen – sowohl des Staates als auch der Beteiligten – gerecht wird.

Waren die durchgeführten Verfahren aus Ihrer Sicht erfolgreich?

Aus meiner Erfahrung heraus würde ich sagen, dass sich das in etwa die Waage hält. Wir bekommen viele Verfahren zurück, die erfolgreich abgeschlossen werden konnten, aber leider wohl auch ebenso viele, die nicht erfolgreich abgeschlossen werden konnten, was für uns bedeutet, dass wir dann das Verfahren wieder aufnehmen und dann doch den Weg eines Gerichtsverfahrens gehen müssen.

Wenn Lösungen gefunden wurden, konnten diese erfolgreich umgesetzt werden?

Das ist eigentlich in den überwiegenden Fällen der Fall. Wenn eine Lösung tatsächlich mit dem Opfer und dem Täter erarbeitet wurde und dann von uns auch so als Auflage festgelegt wird, wird diese Auflage in der Regel auch erfüllt.

Welche Delikte halten Sie grundsätzlich für geeignet?

Insbesondere Körperverletzungen im sozialen Nahbereich, also zwischen Lebensgefährten oder auch Familienangehörigen, aber auch Nachbarschaftsstreitigkeiten, z. B. Beleidigungen, Bedrohungen und Sachbeschädigungen.

Auch hier sind oftmals langwierige nachbarschaftliche Streitigkeiten der Hintergrund. Zudem natürlich auch Unterhaltspflichtverletzungen. Hier handelt es sich oft um Fälle, in denen der Vater letztlich keinen Unterhalt zahlt, weil ihm die Mutter das Kind entzieht und die Mutter entzieht dem Vater das Kind, da dieser keinen Unterhalt zahlt. Hier können im Wege des TOA oft einvernehmliche Lösungen gefunden werden, was zu einer Befriedung führt.

Welche Bedingungen sollten auf Seiten des Täters erfüllt sein, damit ein TOA gelingen kann?

Der Täter muss natürlich grundsätzlich willens sein, am TOA teilzunehmen und dazu beizutragen, und er muss natürlich auch in der Lage dazu sein. Es wird keinen Sinn machen, gerade in Fällen der Unterhaltspflichtverletzung, zu versuchen, dass der Vater oder der Täter in Fällen einer Körperverletzung Unterhalt oder Schadensersatz bezahlt, wenn er schlichtweg dazu nicht in der Lage ist. Er muss fähig und auch willens sein, eine mögliche Auflage zu erfüllen.

Halten Sie einen TOA auch während des Strafvollzugs für sinnvoll?

Ja, das halte ich schon für sinnvoll, denn unsere Arbeit hört nach dem Urteil auf. Der zugrunde liegende Streit bleibt aber oft noch bestehen. Gerade bei Lebenspartnern ist die Streitigkeit nicht beendet, nur weil der Täter verurteilt ist und möglicherweise im Strafvollzug sitzt, so dass es hier m. E. sinnvoll ist, wenn der TOA auch während eines laufenden Strafvollzuges noch weiterhin versucht wird.

Haben Sie Ideen, was man noch verbessern könnte?

Ich könnte mir eine engere Zusammenarbeit vorstellen, auch mit dem jeweiligen Sachbearbeiter für den TOA, dass z. B. auch mal ein telefonischer Kontakt stattfindet. Denn wie gesagt, wir sind Schreibtischtäter und wir bekommen oft nicht mit, was der Sachbearbeiter tatsächlich für eine Arbeit leistet, wir kriegen dann nur die Mitteilung, dass das Verfahren gescheitert ist. Ein paar nähere Hintergrundinformationen, die dann vielleicht nicht unbedingt in der Akte stehen, sondern uns nur bei der Einschätzung des Falles hilfreich sind, wären manchmal sinnvoll.

Möchten Sie noch etwas ergänzen?

Ich glaube, dass eine regelmäßige, wenn vielleicht auch kurze Fortbildung der jungen Kollegen sinnvoll wäre. Wir haben bei der Staatsanwaltschaft einen sehr hohen Durchlauf an jungen Kollegen, die in den allgemeinen Abteilungen arbeiten, und ich glaube, diese für die Arbeit des TOA zu sensibilisieren, wäre in regelmäßigen Abständen sinnvoll.

4. Interview Jugendstrafrichter

Herr Richter Hübel, Sie haben sich freundlicherweise bereit erklärt, über Ihre Erfahrung als Leiter des Jugendstrafgerichts beim Amtsgericht München zu berichten.

Wie sind Ihre Erfahrungen mit dem TOA?

Ich habe sehr positive Erfahrungen mit dem TOA gemacht. Ich bin auch ein Befürworter des TOA.

Gibt es einen Fall, den Sie besonders erwähnen möchten?

Ich habe keinen besonderen Fall in Erinnerung, den ich erwähnen möchte.

Was waren die Erwartungen auf Ihrer Seite?

Für mich sind folgende Aspekte wichtig:
Befriedung der Parteien (Streitschlichtung), wobei ich damit den sozialen Frieden meine:
a) auf Opferseite:
Abbauen der Ängste und Verarbeitung des Geschehens;
Opferausgleich mit finanzieller Schadenswiedergutmachung, soweit dies dem Täter aus wirtschaftlichen Gesichtspunkten möglich ist bzw. eine andere sozialpädagogisch sinnvolle Schadenswiedergutmachung gemäß dem erzieherischen Auftrag des JGG.
b) auf Täterseite:
Erziehung des Täters zur Übernahme von Verantwortung und Darlegung der Sichtweise und der Folgen auf Seiten des Opfers mit Schadenswiedergutmachung;

Erziehung des Täters durch Integration des jugendlichen Straftäters zu einem friedlichen Miteinander statt Aussperren;
sonstige Einwirkung auf den Täter durch geeignete sozialpädagogische Maßnahmen
c) für beide Seiten, da im Jugendstrafrecht häufig die Opfer auch zu Tätern und umgekehrt werden können:
besseres Verständnis für die Hintergründe der Tat (z. B. Gefahr des Provozierens etc.);
Perspektiven für ein geordnetes Zusammenleben.

Waren die durchgeführten Verfahren aus Ihrer Sicht erfolgreich?

Die wenigen gerichtlich angeordneten TOAs waren erfolgreich. Der Grund, dass in München im Jugendstrafrecht nur selten gerichtliche TOAs angeordneten werden, liegt darin, dass in der Regel die geeigneten TOAs bereits von der Staatanwaltschaft gem. § 45 Abs. 2 JGG angeordnet bzw. angeregt werden.

Konnte die gefundene Lösung umgesetzt werden?

Die TOAs, die mir bekannt geworden sind, sind in der Regel umgesetzt worden. Die von der Staatsanwaltschaft angeordneten TOAs kann ich nicht beurteilen, da sie mir nicht bekannt werden. Allerdings müssten sie in der Regel ebenfalls erfolgreich abgeschlossen worden sein, da es nur vereinzelt Anklagen gibt, weil ein TOA nicht erfolgreich durchgeführt werden konnte.

Welche Delikte halten Sie grundsätzlich für geeignet?

Ich halte folgende Delikte im Jugendstrafrecht grundsätzlich für geeignet: Körperverletzungsdelikte, Familiendelikte, Sachbeschädigungen (z. B. auch Graffitisprayer etc.), evtl. in geeigneten Fällen auch Vandalismus, Diebstahl und evtl. auch kleine Raubtaten, wobei allerdings insgesamt immer der spezielle Fall und auch der Täter berücksichtigt werden muss; bei Rückfalltätern halte ich einen TOA im Jugendstrafrecht in der Regel für nicht geeignet.

Mord und Totschlag halte ich auch nicht für geeignet, auch wenn dies nach meinen Kenntnissen z. B. in Belgien im Strafvollzug angeboten wird.

Welche Bedingungen sollten auf Seiten des Täters erfüllt sein, damit ein TOA gelingen kann?

Besonders wichtig ist, dass ein Geständnis und Freiwilligkeit vorliegt; hier kann es natürlich im Vorfeld auch Abstufungen geben.

Halten Sie einen TOA auch während des Strafvollzugs für sinnvoll?

Ich halte einen TOA während des Strafvollzugs für nicht sehr sinnvoll, da zu viel Zwang und damit auch keine echte Freiwilligkeit auf Seiten des Täters gegeben ist. Zudem wären die Rahmenbedingungen im Strafvollzug sehr schwierig.

Haben Sie Ideen, was man noch verbessern könnte?

Die Praxis sollte in den geeigneten Fällen (siehe oben) häufiger an die Möglichkeit eines TOAs denken.

Möchten Sie noch etwas ergänzen?

Auf jeden Fall muss der TOA von neutralen Schlichtungsstellen (mit verbindlichen Leitlinien, evtl. sogar zertifiziert) durchgeführt werden, wobei eine opferorientierte Strafrechtspflege wichtig wäre.

Auch muss die Prävention durch Konfliktbehandlung in den Schulen mit Schulung von Streitschlichtern und Lehrerinnen/Lehrern verstärkt werden.

5. Interview Strafrichter

Herr Richter Ehrl, Sie sind Vorsitzender des Jugendschöffengerichts, Jugendrichter und Strafrichter am Amtsgericht Regensburg und haben sich freundlicherweise zu diesem Interview bereit erklärt.

Wie sind Ihre Erfahrungen mit dem TOA?

In den Fällen, die bislang in meinem Referat aufgelaufen, sind die Erfahrungen durchweg positiv. Die Durchführung eines TOA außerhalb und in Vorbereitung der Hauptverhandlung führte stets dazu, die Schärfe und Unversöhnlichkeit, die in anderen Verfahren bisweilen auftaucht, herauszunehmen. Wenn man Strafrecht auch darin begreift, den Rechtsfrieden zwischen den an der Straftat beteiligten Personen wiederherzustellen, funktionierte dies in den bei mir verhandelten Fällen sehr gut. Letztlich ist es eine Win-Win-Situation für alle Beteiligten: Dem Geschädigten wird durch die intensive Beschäftigung mit seinem Fall weit mehr Augenmerk geschenkt, als dies in einer normalen Hauptverhandlung geschieht, insbesondere durch das Eingehen des Täters auf seine Belange. Der Täter profitiert, nüchtern betrachtet, zunächst einmal dadurch, dass er mit einer Strafmilderung rechnen kann. Darüber hinaus hoffe ich, dass er auch persönlich seinen Nutzen daraus zieht, in dem er durch die Konfrontation mit dem Geschädigten lernt, die Folgen seiner Tat aus Opferperspektive zu sehen und einzuschätzen. In der Hauptverhandlung, in der es oft genug vor allem um den Tatnachweis geht, kann dies manchmal nur unzureichend geleistet werden. Der Täter ist zu sehr damit beschäftigt, die Tat und deren Folgen zu bestreiten, alternative Handlungsszenarien oder Rechtfertigungsgründe zu skizzieren, einfach nur damit, möglichst ohne Tatnachweis aus der Sache herauszukommen. Für eine von Reue getragene Entschuldigung beim Opfer ist in diesen Fällen oft kein Platz, nach einer kontroversen Hauptverhandlung, bei der oft genug die Glaubwürdigkeit des Geschädigten massiv angezweifelt wird, wirkt eine Entschuldigung des Täters auch kaum mehr glaubwürdig. Das Recht, die Tat und deren Folgen zu bestreiten und sich bestmöglich zu verteidigen, sind unverzichtbare Rechte des Angeklagten. Aber sie können den Geschädigten innerhalb der Hauptverhandlung erneut zum Opfer machen, zu einer Person, der nicht geglaubt wird. Durch den TOA kann dies verhindert werden.

Gibt es einen Fall, den Sie besonders erwähnen möchten?

Erwähnen möchte ich einen Fall, bei dem ein TOA sehr sinnvoll gewesen wäre: Bei einem Autounfall wurde ein junger Mann ganz erheblich verletzt. Er war mit seinen Freunden auf einer Spritztour unterwegs, das Fahrzeug wurde vom Angeklagten, einem 18-jährigen Schüler, gesteuert. Jugendlicher Leichtsinn, Übermut und Imponiergehabe führten zu dem schrecklichen Unfall, der durch den Angeklagten wegen weit überhöhter Geschwindigkeit verursacht wurde und bei dem dem Geschädigten ein Ohr und die Hälfte der behaarten Kopfhaut abgetrennt wurden. Der Geschädigte ist sein Leben lang gezeichnet, meidet die Öffentlichkeit, hat seine Schulausbildung abgebrochen. Der Täter hat ebenfalls kurz vor dem Abitur die Schule beendet und war zum Zeitpunkt der Hauptverhandlung in psychologischer Betreuung. Eine gerechte Ahndung zu finden ist hier schwierig: Auf den heranwachsenden Täter war Jugendrecht anzuwenden, aufgrund der schwerwiegenden Folgen für ihn selbst wäre die Verhängung eines Arrestes verfehlt gewesen. Doch wie muss eine milde Strafe auf den Geschädigten wirken, dessen ganzes weiteres Leben durch den Angeklagten beeinträchtigt wurde. In dieser Situation wäre über einen TOA möglicherweise eine Annäherung der beiden ehemaligen Freunde möglich gewesen, die beiden die Verarbeitung der Tat und ihrer Folgen erleichtert hätte.

Was waren die Erwartungen auf Ihrer Seite? Waren die durchgeführten Verfahren aus Ihrer Sicht erfolgreich?

Die bei mir bisher durchgeführten TOA beschränkten sich meist auf die Frage eines finanziellen Ausgleichs zwischen den Parteien. Erfolgreich waren sie dahingehend, dass neben der Ausgleichsfunktion für das Strafverfahren auch ein zivilrechtlicher Streit vermieden werden konnte.

Konnte die gefundene Lösung umgesetzt werden?

Dazu kann ich nichts sagen.

Welche Delikte halten Sie grundsätzlich für geeignet?

Geeignet sind meiner Ansicht nach vor allem Gewaltdelikte unterer bis mittlerer Ausprägung, auch Delikte, die im Rahmen von Nachbarschaftsstreitigkeiten auftreten wie Nötigung, Beleidigung oder Hausfriedensbruch.

Welche Bedingungen sollten auf Seiten des Täters erfüllt sein, damit ein TOA gelingen kann?

Der Täter sollte zumindest ein Mindestmaß an Empathie für sein Opfer aufbringen, damit der TOA nicht zu einer reinen Showveranstaltung wird, um dem Täter eine Strafmilderung einzubringen.

Halten Sie einen TOA auch während des Strafvollzugs für sinnvoll?

Durchaus: Die Auseinandersetzung mit der Tat sollte nicht mit dem Urteil des Richters enden. Im Sinne einer Spezialprävention wäre es sogar wünschenswert, wenn sich der Täter mit seinem Opfer auseinandersetzt. Aus den oben genannten Gründen ist ihm dies in der Hauptverhandlung oft nicht möglich. Vielleicht kann dann im Rahmen eines TOA während des Strafvollzugs noch der Ausgleich gefunden werden, der vormals aufgrund der Verhandlungssituation nicht möglich war.

Haben Sie Ideen, was man noch verbessern könnte?

Nein.

Möchten Sie noch etwas ergänzen?

Nein.

IV. Wirkungen

1. Tätersicht – TOA nach Vergewaltigung

Christian Richter

Ich bin seit vielen Jahren als Mediator in Strafsachen tätig. Ich freue mich immer, wenn ich Rückmeldungen erhalte, die den Sinn meiner Arbeit bestätigen. In einem Fall meldet sich der ehemalige Täter, Herr Walter[316], 10 Jahre nach Abschluss des TOA telefonisch bei mir und bedankt sich für die Vermittlung. Herr Walter war damals wegen einer Vergewaltigung verurteilt worden. Wir kommen ins Gespräch und er erzählt mir, was der TOA bei ihm bewirkt hat. Ich bitte ihn seine Erfahrungen schriftlich niederzulegen.

Als erstes schildert er die Schwierigkeit, ein Entschuldigungsschreiben aufzusetzen, in dem er sich noch vor einer Gerichtsverhandlung erklären sollte. Er räumte alle Vorwürfe gegen ihn ein, so dass es der Geschädigten erspart blieb, vor Gericht als Zeugin zu erscheinen.

„Nachdem ich die Vergewaltigung begangen hatte, regte sich großer Widerstand in mir, diese Tatsache zu akzeptieren. Einen derart schweren Angriff auf die Selbstbestimmtheit sowie den körperlichen und seelischen Zustand einer mir völlig unbekannten Person begangen zu haben, wollte ich nicht wahrhaben. Relativierungen, Verdrehungen und Rechtfertigungen bestimmten meine Gedanken zu dem Vorfall.

Ich war zu jener Zeit von weichen wie harten Drogen abhängig, schon länger nicht erwerbstätig oder in einer Beziehung lebend, so dass kaum noch Selbstwertgefühl vorhanden war. Um Geld für Drogen zu beschaffen, waren mir in den Jahren meiner Suchterkrankung moralische Maßstäbe mehr und mehr abhanden gekommen."

---

[316] Name geändert.

Der Täter begann noch vor der Gerichtsverhandlung eine Therapie und schrieb dort das im TOA vereinbarte Erklärungsschreiben an die Geschädigte.

„Die Erklärung zu schreiben, ohne mich zu rechtfertigen oder Schuld bei anderen Umständen oder Personen zu suchen, erwies sich als ausgesprochen schwierig."

Durch eine Handverletzung konnte der Beschuldigte nicht selber schreiben. Er musste einen Mitpatienten bitten, den von ihm diktierten Text aufs Papier zu bringen.

„Noch schlimmer war es für mich, dieser Person die Tat sowie meine Gedanken und Gefühle dazu anzuvertrauen. Meine bisherigen Erfahrungen bewiesen, dass Aufrichtigkeit und Vertrauen unter Drogensüchtigen nichts galten. Darüber hinaus war ich gezwungen, mich mit mir und meinem bisherigen Leben auseinanderzusetzen, was ich bis zu diesem Zeitpunkt mit Hilfe von Rauschmitteln stets erfolgreich zu verhindern wusste. Ich überwand schließlich meine inneren Winderstände und Ängste und verfasste das Schreiben mit Hilfe eines Mitpatienten, dem ich nach mehrfachen und langen Gesprächen über die Straftat und meine Haltung dazu meinen Text diktieren durfte. In ihm versuchte ich der von mir geschädigten Person zu erklären, was zu meiner extremen Aggression ihr gegenüber geführt hatte.

Weiterhin versuchte ich zu erklären, dass die Schuld an dem Ereignis keinesfalls bei ihr liegt. In logischer Konsequenz verzichtete ich auf das Erscheinen der geschädigten Person vor Gericht und bestätigte ihre gegenüber der Polizei gemachten Aussagen zum Tathergang. Ein aus Sicht meines Rechtsbeistandes risikoreiches Vorgehen, weil es meine Chance auf ein geringeres Strafmaß minderte. Doch nach einem Gespräch mit der Einrichtungsleitung des Therapiezentrums kam ich zu der Einsicht, dass ein ernst gemeinter Neuanfang nicht mehr von Unehrlichkeit mir selbst und anderen gegenüber bestimmt sein sollte.

Die nächste Hürde, die für mich zu nehmen war, bestand darin, mich gegenüber meinen anderen Mitpatienten zu offenbaren. Bisher hatte ich keinen Wert darauf gelegt, dies vor dem Verhandlungstermin zu tun. Ich wollte mir unnötige Konflikte ersparen, da ich mir auf eine anschließende Wiederaufnahme der Therapie wenig Hoffnung machte. Zunehmend aber wurde die Teilnahme an therapeutischen Gruppengesprächen durch diese permanente Vermeidung erschwert. Nur in Einzelgesprächen war es mir daher noch möglich, offen zu reden.

Als ich merkte, dass mein bisheriger Umgang mit meiner Tat auf Dauer nicht sehr erfolgversprechend war, beschloss ich im Rahmen einer großen Gesprächsgruppe die Wahrheit zu erzählen. Die Reaktion meiner Mitpatienten und Teilen des Einrichtungspersonals waren zum großen Teil wie von mir befürchtet, sie reichten von Unverständnis über Abscheu bis hin zu Morddrohungen. Nicht verwunderlich, wenn man bedenkt, dass ein großer Teil von Drogenkonsumenten Missbrauchs- und Gewalterfahrungen gemacht hat.

Es gab allerdings auch ein paar wenige Patienten, die der Meinung waren, dass meine Ehrlichkeit ihnen gegenüber und mein Versuch, vor Gericht Verantwortung für meine Tat zu übernehmen, Unterstützung verdiente. Ich erfuhr zum ersten Mal nach langer Zeit wieder ein Gefühl von Verbundenheit. Noch wichtiger war aber, dass ich erstmals einen Eindruck davon bekam, was Taten wie meine bei anderen Menschen anrichten - einer Erkenntnis, der ich gerne aus dem Weg ging.

Am Tag des Gerichtstermins musste ich eine weitere schwierige Entscheidung treffen. Um meiner einzigen Begleitung, dem Zivildienstleistenden der Einrichtung, das Verfolgen des Verfahrens zu ermöglichen, stimmte ich einer öffentlichen Verhandlung zu. Obwohl dies die Anwesenheit der Medien bedeuten konnte, entschloss ich mich zu diesem Schritt. Heute denke ich, dass dies der Punkt war, an dem ich erstmals bereit war, die vollständige Verantwortung für meine Tat zu übernehmen."

Herr Walter wurde zu einer zweijährigen Bewährungsstrafe verurteilt. Zusätzlich wurde er für 5 Jahre unter Führungsaufsicht gestellt. Dieses Urteil ermöglichte ihm, die bereits begonnene Therapie fortzusetzen. Der erfolgte TOA und die Therapie wurden in der Strafzumessung berücksichtigt. Dies veranlasste den Richter, diese verhältnismäßig milde Strafe auszusprechen.

„Kaum jemand in der Therapieeinrichtung hätte mit diesem Ausgang gerechnet, am allerwenigsten ich selbst. Also beschloss ich, meine Chance bestmöglich zu nutzen und mich von meinem bisherigen Lebensstil abzuwenden."

Herr Walter besuchte nach der stationären Therapie eine Selbsthilfegruppe und wohnte in einer Wohngruppe. Die Führungsaufsicht wurde vom Landgericht vorzeitig beendet, da es keine strafrechtlichen Vorkommnisse gab.

„Nach mehreren Jahren drogenfreien Lebens traute ich mir auch erstmals wieder eine Beziehung zu. Diese erwies sich allerdings als kompliziert, und so besuchte ich auf eigene Initiative über zweieinhalb Jahre neben meiner Berufstätigkeit einen Psychoanalytiker. Dabei gewann ich entscheidende Erkenntnisse über mein Verhalten gegenüber anderen Menschen und die Ursachen dafür.

Ich habe inzwischen begriffen, dass ich mit vielen Dingen leben muss. Nicht alle können ungeschehen gemacht werden, auch wenn ich es mir oft wünsche. Aber meine Fehler und Schwächen zu erkennen, zu akzeptieren und anderen benennen zu können, sowie eventuell nötige Hilfe zu suchen, ist ein essentieller Bestandteil meines heutigen Lebens geworden. Diese Erkenntnis ermöglicht mir ein besseres und drogenfreies Leben in Eigenverantwortung. Sie verhindert außerdem, dass andere Menschen oder ich Schaden erleiden.

Dies verdanke ich auch dem TOA. Durch sein Einwirken und die durch ihn initiierten Maßnahmen war ich das erste Mal nach vielen Jahren wieder damit konfrontiert,

Verantwortung zu übernehmen. Indem ich ein Darlehen annahm, verpflichtete ich mich, für eine Rückzahlung und somit für Einkommen zu sorgen. Das Schreiben einer Erklärung meines Fehlverhaltens bewirkte, dass ich gezwungen war, mich nicht nur mit mir und meinen Empfindungen auseinanderzusetzen, sondern auch mit denen meiner Mitmenschen.

Letztendlich hat der durch die Mediation vermittelte Kontakt zu dem Opfer dazu geführt, dass meine Strafe verhältnismäßig gnädig ausfiel. Allerdings ermöglichte mir das Urteil auch, im Sinne des Opfers zu handeln. Über seinen Rechtsbeistand teilte es mit, dass es im Rahmen meiner Therapie eine weitere Auseinandersetzung meiner Person mit mir selbst und darüber hinaus wünschen und befürworten würde, damit so eine Tat nie wieder geschehen kann. Ohne diese menschliche Großzügigkeit würde ich heute vermutlich kaum diese Zeilen schreiben - geschweige denn, den Versuch, ein verantwortungsvolleres Leben zu führen, in die Tat umsetzen können.“

Als Mediator freute ich mich, dies zu lesen. Ich bin sicher, dass auch die Ziele der geschädigten Frau durch den TOA, in Verbindung mit einem Netzwerk von therapeutischen Hilfen, erreicht werden konnten. Es blieb ihr erspart, vor Gericht als Zeugin zu erscheinen. Sie erhielt ein Entschuldigungs- und Erklärungsschreiben und eine Schmerzensgeldzahlung, die der Täter restlos an den Opferfonds zurückgezahlt hat. Auch ist davon auszugehen, dass Herr Walter in Zukunft straffrei bleiben wird.

2. Opfersicht - TOA nach Raubüberfall[317]

Eine Betroffene berichtet:

Der folgende Bericht wurde von der Betroffenen Frau Becker[318] *mit meiner Unterstützung verfasst. Er ist entstanden aus einem schriftlich beantworteten Fragenkatalog und dem regen E-Mail-Verkehr, den ich mit Frau Becker über längere Zeit hinweg hatte. Dabei habe ich Wert darauf gelegt, die Formulierungen von Frau Becker möglichst wörtlich zu übernehmen, um die Authentizität des Textes zu wahren. Die Endkorrektur wurde von Frau Becker vorgenommen. Sie ist mit der Veröffentlichung des Textes einverstanden. Für die Mühe, die sich Frau Becker gegeben hat und für das Vertrauen, das sie unserem Verein und mir persönlich entgegengebracht hat, möchte ich mich an dieser Stelle nochmals herzlich bedanken.*

Ich bin 35 Jahre alt und arbeite als Sekretärin in Teilzeit. Da das Geld für mich und meine Tochter (ich bin allein erziehend) nicht reicht, arbeite ich in meinem Nebenjob in einem Supermarkt an der Kasse. Dort wurde ich Opfer eines Überfalls.

---

[317] Überarbeitete Version eines Berichts, der in seiner ursprünglichen Fassung veröffentlicht wurde in TOA-Infodienst Nr. 44 (2012), 35. Wir danken den Beteiligten für die freundliche Genehmigung zum Abdruck.

[318] Name geändert.

Es war kurz vor 22 Uhr - Ladenschluss. Wie immer rief ich zwei Minuten vorher die letzten Kunden zu mir an die Kasse. Sogleich kamen ein junger Mann und eine deutlich ältere Frau zu mir. Die beiden waren mir zuvor schon aufgefallen, weil sie viel zwischen den Regalen hin und her gelaufen waren und der junge Mann die Kapuze seines Pullovers bis tief ins Gesicht gezogen hatte. Sie reichten mir gleich Zigaretten zum Einscannen hin. Ich nahm diese entgegen und richtete meinen Blick auf den Scanner. Plötzlich schrie mich der junge Mann völlig unerwartet an. Ich verstand erst gar nicht, was los ist, glaubte sogar einen Augenblick lang an einen Scherz. Als ich aufblickte, starrte ich in den Lauf einer Pistole. Sofort war mir klar, dass er es ernst meinte. Ich begann zu zittern und konnte deshalb auch die Kasse nicht gleich öffnen. Der junge Mann schrie immer lauter und drückte mir die Pistole an den Kopf. Nach einigen Versuchen gelang es mir schließlich, die Kasse zu öffnen. Der junge Mann warf mir eine Einkaufstüte hin und schrie mich weiter an. Während ich das Geld aus der Kasse in die Tüte packte, glaubte ich, dass ich das nicht überleben würde. Ich dachte an meine Tochter, und dass sie nun als Waise aufwachsen müsste. Zu keinem Zeitpunkt in meinem Leben habe ich eine derart abgrundtiefe Angst empfunden. Kaum hatte ich das Geld in die Einkaufstüte gepackt, rannten der junge Mann und die Frau, die die ganze Zeit dabei gestanden hatte, davon.

Kurz danach musste ich weinen. Als die Polizei eintraf, versuchte ich, meine Ruhe wiederzufinden, um eine möglichst gute Aussage machen zu können. Während der Vernehmung hatte ich sogar so etwas wie Galgenhumor. Kurze Zeit überwog offenbar die Erleichterung, den Raubüberfall körperlich unbeschadet überlebt zu haben und nun in Sicherheit zu sein. Nach meiner Aussage bei der Polizei musste ich zum Glück nicht im Dunkeln alleine nach Hause gehen, sondern wurde von einer Kollegin aus dem Supermarkt und deren Mann begleitet.

Zuhause ging ich in die Wohnung und habe mich gewundert, dass um diese Zeit noch Licht im Zimmer meiner Tochter brannte. Sie rief nach mir. Ich ging in ihr Zimmer. Meine Tochter weinte fürchterlich, weil kurz zuvor die Tochter einer anderen Kollegin meine Tochter angerufen hatte, um Näheres über den Überfall zu erfahren. Meine Tochter hatte bis zu diesem Zeitpunkt keine Ahnung von dem Überfall gehabt. Sie reagierte auf diese Nachricht geschockt und war verängstigt. Wir konnten beide die ganze Nacht nicht schlafen und ich musste viel Kraft aufbringen, meine Tochter zu beruhigen.

In den Monaten danach bin ich nur noch ausgegangen solange es hell war oder ich eine Begleitung hatte. Ich hatte jede Minute Angst, dass irgendetwas passieren könnte. Meine Tochter konnte immer erst einschlafen, wenn ich von der Spätschicht nach Hause gekommen war. Schon eine Verspätung um ein paar Minuten löste starke Ängste in ihr aus.

Weil mich das alles stark belastete, habe ich mich an den Weißen Ring gewandt. Ein netter verständnisvoller Mann vom Weißen Ring besuchte mich und erklärte mir die verschiedenen Möglichkeiten der Vorgehensweise in diesem Fall. Er empfahl mir auch eine Rechtsanwältin in Karlsruhe, Frau Vogt, die sich auf Opferrechte spezialisiert hat. Ich fühlte mich von Frau Vogt von Anfang an ernst genommen und gut beraten. In mehreren Gesprächen hat sie mir dann die Möglichkeit des TOA vorgestellt und mir Zeit gelassen, eine Entscheidung zu treffen. Ich habe mich dafür entschieden, weil ich wissen wollte, warum gerade *mein* Supermarkt für den Überfall ausgewählt wurde. Und ich wollte wissen, was die Hintergründe für die Tat bei einem so jungen Menschen waren. Auch wollte ich ihm mitteilen, wie unser Leben wegen der Tat aus den Fugen geraten ist. Später wurde mir klar, dass ich den Täter auch dadurch auf meine Seite ziehen und besänftigen wollte, damit ich keine Angst mehr vor ihm haben müsste, wenn er aus der Haft entlassen würde. Über Frau Vogt habe ich dann den Verein Quitt e.V. kennengelernt. Auch dort fühlte ich mich sehr gut aufgehoben und konnte der Vermittlerin Vertrauen entgegenbringen.

Mit der Vermittlerin hatte ich zwei ausführliche Vorgespräche. Sie wollte vor allem meine Motivation für den TOA klären. Außerdem wollte sie sicherstellen, dass ich von dem Gespräch auch profitieren würde.

Das Gespräch zwischen mir und dem noch jugendlichen Täter fand schließlich in der JVA statt. Den Besuch dort habe ich als sehr beklemmend empfunden. Selbst ich als Opfer musste zuvor meine Tasche durchsehen lassen und mein Handy abgeben. Ein Gefühl, als ob ich selbst etwas falsch gemacht hätte. Das Eingesperrtsein und die kahlen Räume waren befremdlich. Neben meiner Anwältin und der Vermittlerin war beim Gespräch auch der Verteidiger des Täters anwesend. Den Täter wieder zu sehen, löste anfangs in mir starke Ängste aus. Ich musste mit den Tränen ringen, wollte aber, dass das Gespräch stattfindet. Der junge Mann erzählte dann die Tat und berichtete von seinen Lebensumständen. Ich hatte den Eindruck, dass ihm die Tat sehr leid tat und er aufgrund seiner Drogensucht und dem fehlenden Halt in der Familie vielleicht sogar froh war, dass es mit der bevorstehenden Inhaftierung einen neuen Anfang geben konnte. Da saß kein starker junger Mann vor mir, sondern ein Verlierer. Seine Mutter hatte sich nie um ihn gekümmert, er hatte kaum die Schule besucht. Schließlich kam er in einer Art Pflegefamilie unter. Auch dort kümmerte sich niemand um ihn. Er hatte keinen Plan für sein Leben und nahm seit seinem 11. Lebensjahr Drogen. Seine Freundin, die ihn dazu überredet hatte, sich der Polizei zu stellen, hatte sich von ihm getrennt. Als ich ihm erzählte, dass ich während der Tat dachte, meine Tochter müsse nun als Waise aufwachsen, rang auch er mit den Tränen.

Durch das Gespräch habe ich ein gewisses Verständnis für den Täter bekommen. Ich habe die Umstände kennengelernt, die zu seiner Tat geführt haben. Dabei habe ich festgestellt, dass die Tat nicht persönlich gegen mich oder meine Tochter gerichtet war. Ich habe verstanden, dass ich nicht selbst an der Tat schuld war. Und ich hatte die Hoffnung, dass er so etwas nie wieder tun würde. Allerdings habe ich auch gespürt, dass sich der junge Mann kaum ein ordentliches Leben zutraute. Wir verabredeten, dass er mir aus der Haft schreiben könne. Schließlich wollte ich wissen, wie sich der junge Mann weiter entwickeln würde.

Für mich war es entlastend, die weitere juristische Aufarbeitung ganz in die Hände meiner Anwältin legen zu können. Sie informierte mich ständig und ich habe sie als sehr kompetent empfunden. Im Strafprozess vor dem Landgericht begleiteten mich meine Rechtsanwältin Frau Vogt, der Mann vom Weißen Ring und die Vermittlerin von Quitt e.V., so dass ich mich dort auch gut betreut und unterstützt gefühlt habe. Allerdings war ich sehr nervös und die Mittäterin löste in mir ein sehr beängstigendes Gefühl aus. Sie nahm eine sehr bedrohliche Körperhaltung ein und ihr Blick machte mir Angst. Zum Glück war alles innerhalb von wenigen Minuten vorbei. Ich verließ gleich nach meiner Zeugenaussage die Verhandlung und habe das Urteil am Nachmittag von meiner Anwältin erfahren (3 Jahre Haft für den jungen Mann und Anordnung der Unterbringung in einer Suchtklinik, 3 Jahre 6 Monate für die Frau).

Der junge Mann hat mir anfangs noch aus seiner Haft berichtet. Ich schickte ihm sogar ein Päckchen zu Weihnachten, habe aber nichts mehr von ihm gehört, als ich ihm ein paar Wochen später geschrieben habe. Ich habe dann erfahren, dass er in eine andere Haftanstalt verlegt wurde. Von meiner Anwältin wollte ich die neue Adresse erfahren. Sie meinte jedoch, dass sie mir die Adresse nicht besorgen werde, weil sie befürchte, dass ich unbewusst immer noch damit beschäftigt sei, den Täter zu besänftigen. Es läge an ihm, den Kontakt zu halten. Unabhängig davon fiel mir auf, dass ich nach meinen Spätschichten im Supermarkt innerlich nicht zur Ruhe kommen konnte. Ich konnte einfach nicht richtig einschlafen. Deshalb habe ich mit meiner Therapeutin (zu ihr hatte ich wegen ganz anderer Schwierigkeiten schon vor der Tat Kontakt aufgenommen) darüber gesprochen. Wir haben dann festgestellt, dass die Schlafstörungen zu dem Zeitpunkt begannen, als der Kontakt mit dem Täter endete. Offenbar war der Hinweis meiner Rechtsanwältin doch richtig. In den Gesprächen konnten wir dann den Überfall weiter bearbeiten. Parallel dazu wechselte die Leitung im Supermarkt und das Klima am Arbeitsplatz wurde immer schlechter. Ich habe dort gekündigt und mir eine andere Nebenbeschäftigung gesucht.

Jetzt – nach fast drei Jahren – kann ich sagen, dass ich einen TOA wieder machen würde. Es hat mir zumindest gebracht, dass ich dem Täter verzeihen konnte und ich auch mit meinem Leben zufriedener bin, weil andere Probleme dadurch relativiert wurden. Der Täter ist für mich zum Menschen geworden und nicht mehr das „Monster“, als das er mir zur Tatzeit vorkam. Von der Landesstiftung Opferschutz habe ich eine Abschlagszahlung auf das Schmerzensgeld bekommen und es für einen schönen Urlaub zusammen mit meiner Tochter genutzt. Der TOA war für mich eine Mischung zwischen rationaler und emotionaler Aufarbeitung. Der Beistand von Seiten der Rechtsanwältin, dem Weißem Ring und der Vermittlungsstelle haben mir ein Stück Sicherheit zurückgegeben. Der TOA hat mir den rationalen Blick für den Täter und den Tathintergrund gegeben, so dass ich emotional keine Schuldgefühle und heute auch keine Angst mehr vor dem Täter habe (Rache, Wiederholungstaten). Ohne den TOA hätte ich mir in meiner Fantasie alle möglichen Horrorszenarien für meine Zukunft ausgemalt. Die Tat war eine schlimme Erfahrung, aber dadurch habe ich Menschen kennengelernt, die ich sonst nie kennengelernt hätte. Auch habe ich für mich eine positivere Lebenseinstellung bekommen, weil ich gelernt habe, dass so etwas oder ähnliches passieren kann, ich aber weiß, dass ich nicht alleine wäre, würde mir wieder etwas zustoßen.

Geblieben ist, dass ich und meine Tochter noch zuverlässiger miteinander umgehen, was vereinbarte Uhrzeiten oder Orte angeht. Wir sind achtsamer und vorsichtiger geworden. Wir achten darauf, dass wir die Haustür richtig abschließen, und wir gehen nicht später als 30 Minuten vor Ladenschluss einkaufen. Diese Vorsichtsmaßnahmen sind geblieben, aber ansonsten sind wir nicht mehr von Angst geplagt oder schränken uns in unserem Leben ein, nur um auf der sicheren Seite zu sein.

D. Falldokumentationen

Fall 1: Gewalt unter Mädchen (TOA im Jugendstrafrecht)[319]

von *Sonja Martin*

Anhand einer anonymisierten Falldokumentation möchte ich Ihnen Einblick in unsere methodische Vorgehensweise bei der Bearbeitung von Ausgleichsfällen im Jugendbereich geben.

Folgender Sachverhalt liegt vor:

An einer Bushaltestelle warf Lara[320], 17 Jahre alt, Emilia, eine 16-jährige Schülerin zu Boden und schlug auf sie ein, wodurch Emilia sich eine Platzwunde am Kopf und blaue Flecken zuzog. Die Staatsanwaltschaft regt an, in diesem Fall einen TOA durchzuführen.

Nachdem ich mit der Mediation im Strafrecht beauftragt wurde, schreibe ich die Beschuldigte Lara an und lade sie zu einem Vorgespräch ein.

In dieser Konstellation ist es nicht sinnvoll, als Erstes mit der Geschädigten zu sprechen und so eventuell nicht zu erfüllende Erwartungen zu wecken, falls die Beschuldigte keine Bereitschaft zur Mitwirkung zeigt. Ist jedoch ersichtlich, dass die Geschädigte noch immer von der Beschuldigtenseite bedroht wird, schreibe ich zuerst die Geschädigte an, um ihr eine unbelastete Entscheidung für oder gegen eine Mediation im Strafrecht zu ermöglichen. Der Beschuldigten wird bei einer Ablehnung das Angebot nicht unterbreitet.

Auf mein Schreiben hin vereinbart Lara mit mir einen Termin in der Fachstelle für Mediation. Sie erscheint mit ihrer Betreuerin Frau Müller. Die Jugendliche wird derzeit „intensiv sozialpädagogisch" betreut. Ihr familiärer Hintergrund ist schwierig. Ich bitte Lara, mir von den damaligen Geschehnissen zu berichten. Lara erzählt, Emilia habe sie als „Hure" bezeichnet – so habe sie es jedenfalls von Dritten erzählt bekommen - und deshalb geschehe es Emilia nur recht, dass sie sie geschlagen habe. Außerdem sei sie am nächsten Tag zu ihr hingegangen und habe sich entschuldigt, weshalb sie die ganze Angelegenheit schon als erledigt betrachte.

---

[319] Überarbeitete Version einer Falldokumentation, die erstmalig erschienen ist in Brücke e. V. 2013, 98 ff. Wir danken den Verantwortlichen für die freundliche Genehmigung zum erneuten Abdruck.

[320] Sämtliche Namen wurden geändert.

Lara wird von mir mit ihrem Handeln und den Folgen konfrontiert. Es fällt ihr schwer, sich in die Lage der Geschädigten hineinzuversetzen. Mein Eindruck ist, dass sie dazu noch Zeit braucht.

Wir vereinbaren, uns zu einem zweiten Vorgespräch zu treffen.

In diesem Stadium ist die Durchführung einer Mediation im Strafrecht der Geschädigten Emilia nicht zuzumuten (Gefahr einer erneuten Viktimisierung).

Einige Wochen später findet das zweite Vorgespräch mit Lara statt. Gleich zu Beginn teilt sie mir mit, dass sie eine Aussprache mit Emilia wolle und sich auch entschuldigen werde. Sie wolle Emilia fragen, weshalb sie über sie schlecht geredet habe. Lara möchte von mir erfahren, wie sehr sie Emilia verletzt habe.

Ich informiere Lara über eventuell auf sie zukommende Schmerzensgeldforderungen und bitte sie, zu überlegen, ob ihr nicht ein Geschenk einfalle, mit dem sie Emilia eine Freude bereiten und ihr so eine erste symbolische Wiedergutmachung überreichen könne.

Im Anschluss schreibe ich die Geschädigte Emilia und ihre Eltern an und lade die Familie zu einem ersten Gespräch in die Fachstelle ein.

Die Mutter von Emilia, Frau Sommer[321], ruft mich an und teilt mir mit, dass ihre Tochter zum Termin kommen werde. Sie selbst wolle nicht dabei sein. Ich informiere Frau Sommer am Telefon und erfrage, ob sie beabsichtige, Schmerzensgeld zu fordern. Sie möchte sich das überlegen und rechtlich beraten lassen. Wir vereinbaren, bei Bedarf erneut zu telefonieren.

Emilia erscheint zum Gespräch. Sie erzählt ausführlich von den Geschehnissen. Es sei für sie nicht das erste Mal, dass sie von anderen zusammengeschlagen worden sei. Zuvor habe sie nie Anzeige erstattet. Es sei richtig, dass Lara sich bei ihr entschuldigt habe. Allerdings habe sie es nicht als sonderlich glaubwürdig empfunden. „Hure" habe sie nie zu Lara gesagt. Sie wolle gerne mit Lara in meinem Beisein nochmals über alles reden. Sie werde weder Schmerzensgeld noch eine andere Wiedergutmachung fordern. Ihr gehe es nur darum, dass Lara wirklich etwas einsehe, sich verändere und sie künftig in Ruhe lasse.

Laras Betreuerin, Frau Müller, bittet darum, am Ausgleichsgespräch teilnehmen zu können, was ich befürworte. Lara hat in ihrer Entwicklung und Konfrontationsfähigkeit große Fortschritte gemacht, bedarf jedoch noch immer einer Unterstützung, um wirklich „dranzubleiben". Ich schlage Emilia vor, dass auch sie jemanden zum Gespräch mitnehmen kann, der sie unterstützt.

Emilia entscheidet sich für ihre beste Freundin.

Beim Ausgleichsgespräch nehmen alle Beteiligten an einem runden Tisch Platz. Nach einer Begrüßung und ein paar einführenden Worten erläutere

---

[321] Name geändert.

ich die „Spielregeln“ (z. B. sich gegenseitig ausreden zu lassen, die Möglichkeit, sich eine „Auszeit“ zu nehmen, alleine, ohne Erwachsene, miteinander reden zu können...) und stecke den zeitlichen Rahmen unseres Zusammentreffens ab. Die bisherigen Geschehnisse, insbesondere die Vorgespräche, fasse ich zusammen, um alle Beteiligte auf den gleichen Wissensstand zu bringen.

Ich fordere Lara und Emilia auf zu berichten, was sie damals erlebt haben. Beiden jungen Frauen wird ausreichend Zeit eingeräumt, damit auch die damit verbundenen Gefühle, insbesondere Kränkungen und Verletzungen zur Sprache kommen können.

Die Kunst der Mediatorin besteht in dieser Phase darin, den Betroffenen den Boden zu bereiten, auf dem sie sich aufeinander zu bewegen und Verständnis füreinander gewinnen können sowie ihnen dabei behilflich zu sein, aus ihren unterschiedlichen Geschichten **eine** *zu machen, die für* **beide Seiten nachvollziehbar und akzeptabel** *ist.*

Im Verlauf des Gespräches entschuldigt sich Lara bei Emilia. Die Entschuldigung auszusprechen, fällt ihr sichtlich schwer, weshalb wir Erwachsenen auch das Angebot machen, den Raum hierfür zu verlassen. Emilia kann die Entschuldigung gut annehmen, äußert jedoch Zweifel, ob Lara wirklich nie mehr derart zuschlagen werde. Es wird über die Situation in ihrem Wohnviertel gesprochen, den Einfluss gewisser Leute und das Aufwiegeln durch Dritte. Gemeinsam sammeln die jungen Frauen Ideen alternativer Handlungsoptionen, um aus sich anbahnenden stressigen Konfliktsituationen aussteigen zu können (Weggehen, Beleidigungen und verbale Angriffe ignorieren, sich Verbündeten zuwenden...).

Auf eine Wiedergutmachung angesprochen, meint Emilia, sie wolle auf alles verzichten und würde auch eine Verfahrenseinstellung begrüßen. Ich solle jedoch mit ihrer Mutter nochmals telefonieren, da sie sich hinsichtlich des Schmerzensgeldes noch nicht endgültig entschieden habe. Sie selbst wolle nichts fordern.

Ich frage Lara, ob sie sich etwas überlegt habe, was sie verneint. Ich betone, dass Emilia sich ihr gegenüber großzügig und rücksichtsvoll verhalte. Ich würde auch sehen, welch großen Schritt Lara bewerkstellige, und wie viel die Entschuldigung Emilia bedeutete. Dennoch fände ich es angemessen, wenn Lara sich nun ein Angebot überlegen würde.

Ich bestehe auf diese Geste, da ich den Eindruck habe, dass es für Emilia wichtig ist, von Lara eine konkrete Wiedergutmachung zu erhalten.

Lara fühlt sich sichtbar überfordert, weshalb ich ihr vorschlage, dass sie sich mit ihrer Betreuerin austauschen könne, bevor wir anschließend wieder zusammenkommen.

Fünfzehn Minuten später bietet Lara an, Emilia zwei Kinokarten zu schenken, worüber sich Emilia sichtlich freut. Wir vereinbaren, dass Lara mir die Karten schicken wird und ich sie an Emilia weiterleite.

Ich fasse den Gesprächsverlauf und das erzielte Ergebnis zusammen, lasse Raum für Befindlichkeiten und eventuell noch offene Themen, gebe meinen Eindruck wieder und verabschiede die Beteiligten.

Lara schickt mir die Kinokarten mit ein paar persönlichen Zeilen an Emilia. Ich leite die Karten weiter. Mit der Mutter der Geschädigten telefoniere ich nochmals ausführlich. Sie entschließt sich, kein Schmerzensgeld zu fordern, da ihr die familiären Verhältnisse von Lara bekannt sind. Sie hat den Eindruck, das Gespräch mit Lara habe ihrer Tochter gut getan.

Ich schreibe einen Abschlussbericht und gebe die Ermittlungsakten an die Staatsanwaltschaft zurück.

Für Emilia ist das Zusammentreffen entlastend. Sie wirkt am Ende des Gespräches gelöster. Die Jugendlichen leben im selben Viertel. Es ist davon auszugehen, dass sich beide künftig friedlich begegnen und weitere Konflikte zwischen ihnen nicht zu befürchten sind.

Im Verlauf des Ausgleichsgespräches haben sich die jungen Frauen angenähert, die Aussöhnung ist geglückt. Lara hatte in dieser Zeit große Entwicklungsschritte zu meistern. Im Prozess des Ausgleiches muss sie direkte Konfrontation aushalten. Die Betreuerin Frau Müller teilt mir mit, dass die Gespräche intensiv nachgewirkt und die begonnene Entwicklung positiv verstärkt haben.

Fall 2: Kindesunterhalt trotz Privatinsolvenz (TOA bei Unterhaltspflichtverletzung)

von *Karin Ziegenhain*

Vorbemerkung

In meiner Tätigkeit beim Ausgleich e.V. bin ich als Schlichtungsanwältin ausschließlich bei Unterhaltspflichtverletzungen zuständig. Bei den meisten Fällen ist es so, dass der Vater den festgesetzten Unterhalt nicht bezahlt. Das Kind wird durch die Mutter vertreten.

Wurden bereits Leistungen nach dem Unterhaltsvorschussgesetz erbracht, stellt manchmal auch das Landesamt für Finanzen Strafanzeige und fordert vom Beschuldigten die Unterhaltsansprüche des Kindes ein.

I. Ablauf der Schlichtung bei Unterhaltspflichtverletzung

1. Sichtung der Akte der Staatsanwaltschaft

Die Verfügung der Staatsanwaltschaft lautet in diesen Verfahren meist:

„Das Ermittlungsverfahren wird gemäß § 153a Abs. 1 Nr. 4 und 5 StPO vorläufig eingestellt:

Gründe:

Die erfolgreiche Durchführung eines TOA sowie die anschließende Leistung der Unterhaltszahlungen gemäß der beim Ausgleich e.V. zu treffenden Vereinbarung sind geeignet, dass öffentliche Interesse an der Strafverfolgung zu beseitigen. Die Schwere der Schuld steht einer Einstellung nicht entgegen. Einer Zustimmung des Gerichts bedarf es wegen §§ 153a Abs. 1, 153 Abs. 1 Satz 2 StPO nicht."

Im vorliegenden Fall handelt es sich um eine Unterhaltspflichtverletzung eines kroatischen Vaters, Herrn Mircos[322], gegenüber seinen beiden minderjährigen Kindern, Marina und Marco, gesetzlich vertreten durch die Mutter, Frau Mircos.

Herr Mircos hatte im September vor zwei Jahren die elterliche Wohnung verlassen. Beide Kinder blieben bei Frau Mircos. Nach der Trennung war Herr Mircos nicht bereit, Kindesunterhalt zu bezahlen, so dass Frau Mircos von ihrem Anwalt einen Antrag auf einstweilige Anordnung zur Zahlung von Kindesunterhalt beim Familiengericht einreichen ließ.

---

[322] Sämtliche Namen wurden geändert.

Herr Mircos wurde daraufhin vom Amtsgericht zur Zahlung von 100 % des jeweiligen Mindestunterhalts gemäß § 1612a I BGB der jeweiligen Altersstufe, gemindert um das hälftige Kindergeld für ein erstes und für ein zweites Kind, verurteilt. Er zahlte daraufhin zwei Monate lang. Nachdem weitere Zahlungen ausblieben, wurden Zwangsvollstreckungsmaßnahmen eingeleitet und das Gehalt von Herrn Mircos gepfändet. Nach ein paar Monaten meldete Herr Mircos Privatinsolvenz an. Sein Gehalt konnte nicht mehr gepfändet werden. Frau Mircos erstattete daraufhin Strafanzeige.

2. Kontaktaufnahme mit dem Beschuldigten

Ich teile Herrn Mircos schriftlich mit, dass das Ermittlungsverfahren wegen Unterhaltspflichtverletzung gegen ihn vorläufig eingestellt wurde und die Staatsanwaltschaft anregt, einen TOA durchzuführen. Ich weise in meinem Anschreiben darauf hin, dass das Schlichtungsverfahren freiwillig ist und sämtliche Gespräche vertraulich sind. Auch kann die Schlichtung von ihm jederzeit beendet werden. Ziel des Verfahrens könnte es sein, zu einer Lösung für die Unterhaltszahlungen seiner beiden Kinder Marina und Marco zukommen. Sofern eine Lösung gefunden wird, sei diese von der Staatsanwaltschaft und dem Strafrichter bei der Strafzumessung zu berücksichtigen. Ich bitte Herrn Mircos, sich umgehend mit mir in Verbindung zu setzen.

Daraufhin erhalte ich ein Schreiben von einem Herrn Klar.[323] Er ist Mitarbeiter einer Firma, die sich mit Insolvenzen und Schuldenanalysen befasst. Eine Vollmacht von Herrn Mircos liegt bei.

Herr Klar teilt mit, dass Herr Mircos zu einer Schlichtung der Angelegenheit bereit sei. Die Gehälter von Herrn Mircos würden jeden Monat zwischen dem 10. und 15. abgerechnet werden, so dass er den Kindesunterhalt jeweils erst am 20. Tag eines jeden Monats überweisen könne. Auf meine Frage, ob die Angelegenheit mit beiden Seiten bei mir in der Kanzlei besprochen werden könne, teilt mir Herr Klar mit, dass Herr Mircos nicht mit der Mutter seiner Kinder zusammentreffen möchte.

3. Erstkontakt zu der/den Geschädigten

Mit der Information, dass der Vater bereit ist den monatlichen Unterhalt für seine beiden Kinder zu bezahlen, allerdings jeweils erst am 20. eines Monats, nehme ich Kontakt zu Frau Mircos auf. Sie teilt mir mit, dass sie nicht akzeptieren könne, dass Herr Mircos den Unterhalt erst so spät bezahle. Ich teilte ihr mit, dass es ihr nach dem Gesetz grundsätzlich zusteht, den Kindesunterhalt zum Monatsanfang zu erhalten, jedoch im Rahmen einer Schlichtungsvereinbarung davon abgewichen werden kann, wenn jede Seite damit einverstanden sei. Frau Mircos wünscht sich ebenfalls eine Schlich-

[323] Name geändert.

tung im schriftlichen Verfahren, da sie mit dem Vater ihrer Kinder immer in Streit gerate.

Ich bitte Herrn Mircos die Zahlungen wieder aufzunehmen, was er auch tut, allerdings nicht pünktlich zum Monatsersten.

4. Schilderung weiterer Schlichtungsbemühungen

Zwischenzeitlich erfahre ich von Frau Mircos, dass auch zivilrechtliche Verfahren wegen Sorge- und Umgangsrecht anhängig sind. Laufende Verfahren erschweren die Bereitschaft, sich zu einigen. Ich schlage daher vor, den Ausgang des Gerichtstermins abzuwarten, der in drei Wochen stattfinden wird.

Nach Ablauf dieser Zeit erhalte ich ein Schreiben vom Vertreter des Beschuldigten mit der Bitte, eine Schlichtungsvereinbarung aufzusetzen. Neben der Zahlung des Kindesunterhalts solle mit aufgenommen werden, dass die Mutter dem Vater das Besuchsrecht für beide Kinder einräumt. Die Eltern haben sich vor dem Familiengericht über den Umgang im Vergleichswege geeinigt.

5. Erstellung der Schlichtungsvereinbarung

Nach Rücksprache mit Frau Mircos verfasse ich den ersten Entwurf der Schlichtungsvereinbarung mit folgendem Inhalt:

Schlichtungsvereinbarung

Zwischen

Frau Mircos Karmela, Adresse

als gesetzliche Vertreterin der Kinder
Marina Mircos, geb. 01.05.2005 und Mario Mircos geb. 09.01.2007,

- Geschädigte –

und

Herrn Mircos Davor, Adresse

- Beschuldigter -

Zur Wiedergutmachung des Schadens und der Tatfolgen im Rahmen des Strafverfahrens – AZ: xxxxx wegen Unterhaltspflichtverletzung gemäß § 170 Abs. 1 StGB

1. Zweck der Vereinbarung

Die folgende Vereinbarung soll dazu beitragen, die Folgen der Situation, die zu oben genannter Anzeige geführt haben, durch freiwillige Leistungen des Beschuldigten auszugleichen.

2. Unterhaltsleistungen

Der Beschuldigte verpflichtet sich ab 1.10.2013 zu Händen der Kindsmutter, Mircos Kamela für Marina Mircos, geb. 1.5.2005, einen monatlichen, jeweils monatlich im Voraus fälligen Kindesunterhalt in Höhe von 100 % des jeweiligen Mindestunterhalts der jeweiligen Altersstufe, derzeit zweite Altersstufe, abzüglich des hälftigen Kindergeldes gem. § 1612b 1 Ziff. 1 BGB von derzeit € 92, somit € 272 zu zahlen.

Der Beschuldigte verpflichtet sich ferner ab 1.10.2013 zu Händen der Kindsmutter, Mircos Kamela für Mario Mircos, geb. 9.1.2007, einen monatlichen, jeweils monatlich im Voraus fälligen Kindesunterhalt in Höhe von 100 % des jeweiligen Mindestunterhalts der jeweiligen Altersstufe, derzeit zweite Altersstufe, abzüglich des hälftigen Kindergeldes gem. § 1612b I Ziff. 1 BGB von derzeit € 92, somit € 272 zu zahlen.

Ein Verzicht auf die Geltendmachung weitergehender, bereits bestehender oder zukünftig noch entstehender Unterhaltsansprüche ist damit nicht verbunden.

Die monatlichen Unterhaltszahlungen sind jeweils spätestens bis zum 20. eines Monats im Voraus zur Zahlung fällig. Die Beträge müssen bei Fälligkeit auf dem angegebenen Konto gutgeschrieben sein.

Die Zahlungsverpflichtung des Beschuldigten im Hinblick auf den laufenden Unterhalt stehen unter dem Vorbehalt einer Abänderung soweit sich die wirtschaftlichen und finanziellen Verhältnisse des Beschuldigten zu seinen Ungunsten verändern und das zuständige Jugendamt zugunsten des Beschuldigten einen niedrigeren Unterhalt feststellt.

3. Umgang

Die Geschädigte verpflichtet sich, dem Beschuldigten Umgang mit seinen Kindern zu gewähren. Der Beschuldigte ist berechtigt, die beiden gemeinsamen Kinder jedes dritte Wochenende von Samstagmorgen bis Sonntagabend zu sehen. Auch ist er berechtigt, die ersten zwei Wochen der Sommerferien mit beiden Kindern zu verbringen.

Ein Verzicht auf die Geltendmachung einer erweiterten Umgangsregelung ist damit nicht verbunden.

4. Zahlungsmodalitäten

Die Beträge sollen bei Fälligkeit auf folgendes Konto überwiesen werden:
Kontoinhaber: Mircos Kamela, Geldinstitut:xxxx, Bankleitzahl: xxxx

5. Strafverfahren

Die Geschädigte stimmt einer Einstellung des Strafverfahrens gegen den Beschuldigten unter der Bedingung zu, dass diesem die Einhaltung dieser Vereinbarung zur Auflage gemacht wird.

6. Empfangsbestätigung

Die Geschädigte verpflichtet sich, die Schlichtungsstelle zu informieren, falls der Beschuldigte seiner Verpflichtung aus dieser Vereinbarung nicht nachkommen sollte.

7. Weitere Informationsempfänger

Eine Abschrift dieser Vereinbarung erhalten:
- die zuständige Staatsanwaltschaft
- die Geschäftsstelle des Vereins Ausgleich e.V.

8. Bestätigung der Beteiligten

Mit den obigen Erklärungen bin ich einverstanden.

München, den	München, den ....
--------------------------------	--------------------------------------
(Kamela Mircos)	(Davor Mircos)

Diese Schlichtung ist unter meiner Leitung erfolgt:

(Rechtsanwältin Karin Ziegenhain Adresse xxxx, Schlichterin des Ausgleich e.V. München, anerkannte Gütestelle gem. § 794 I 1 ZPO)

Der Vertrag ist am ________________ zustande gekommen.
(Tag der zuletzt geleisteten Unterschrift)

Danach sende ich die Schlichtungsvereinbarung im Original an den Beschuldigten mit der Bitte um Unterzeichnung. Nachdem ich die Vereinbarung unterschrieben zurück erhalten habe, sende ich sie an die Mutter zur Unterschrift.

Daraufhin erhalte ich ein Schreiben von Frau Mircos, dass sie diese nicht unterschreiben könne. Grund dafür sei, dass es für sie und die Kinder wichtig sei, dass der Kindesunterhalt zum Ersten eines jeden Monats eingehe, ansonsten sei sie nicht in der Lage, die laufenden Lebenshaltungskosten zu zahlen.

Weiterhin bittet mich Frau Mircos zu prüfen, ob Herr Mircos nicht einen höheren Kindesunterhalt zu zahlen hätte. Auch sei keine Regelung zum Sonder- wie auch zum Mehrbedarf aufgenommen worden. Diese möge ich doch bitte ergänzen.

Daraufhin teile ich Frau Mircos mit, dass sie die weiteren Punkte in einem zivilrechtlichen Verfahren klären lassen müsse. Die Schlichtung während eines Ermittlungsverfahrens diene dazu, den Beschuldigten anzuregen, den titulierten Kindesunterhalt wieder regelmäßig zu bezahlen.

Ich bitte Frau Mircos, mir spätestens in 10 Tagen Bescheid zu geben, ob sie die Vereinbarung unterschreiben möchte oder nicht.

Das Verfahren hat bisher drei Monate gedauert, so dass ich der Staatsanwaltschaft eine Sachstandsmitteilung zukommen lasse, in der ich mitteile, dass Herr Mircos den laufenden Unterhalt seit drei Monaten regelmäßig und auch in der vollen Höhe bezahlt, der Inhalt der Schlichtungsvereinbarung aber derzeit noch verhandelt wird.

Nach einer Woche bekomme ich einen Anruf von einem Rechtsanwalt, Herrn Gärtner, der mir mitteilte, dass Frau Mircos vor ihm säße und nicht wüsste, ob sie die Schlichtungsvereinbarung unterzeichnen könne.

Ich informiere den Kollegen über das Schlichtungsverfahren, und teile ihm mit, dass ich den Vorteil für seine Mandantin darin sähe, dass die Staatsanwaltschaft die vereinbarte Unterhaltszahlung voraussichtlich für ein Jahr zur Auflage machen wird, (vgl. § 153 I Nr. 4 StPO). Dies sei erfahrungsgemäß ein erfolgreicher Weg, den Beschuldigten zu weiteren Zahlungen zu veranlassen.

Herr Rechtsanwalt Gärtner teilt mir mit, dass er seiner Mandantin raten werde die Schlichtungsvereinbarung zu unterzeichnen. Nach einer weiteren Woche trifft die von Frau Mircos unterzeichnete Schlichtungsvereinbarung ein; allerdings ist die Fälligkeit des Kindesunterhalts auf den Monatsanfang berichtigt worden.

Ich sende die von Frau Mircos unterzeichnete Schlichtungsvereinbarung nochmals an den Beschuldigten und bitte ihn zu überlegen, ob er nach Erhalt seines Lohnes auf seinem Konto den Betrag für den Kindesunterhalt zurücklegen kann und anschließend einen Dauerauftrag zum 01. eines Monats einrichtet, so dass der Unterhalt in den ersten drei Werktagen eines Monats auf dem Konto der Mutter eingeht.

Ich weise darauf hin, dass ich auf seinen Wunsch den Regelungspunkt Umgang mit den Kindern ebenfalls mit in die Vereinbarung aufgenommen habe und Frau Mircos ihm in diesem Punkt entgegengekommen ist.

Ich setze eine Frist von einer Woche für seine Antwort und erhalte nach drei Tagen die Rückmeldung, dass die Vereinbarung so bleiben kann, wie sie ist.

Ich unterschreibe die Vereinbarung ebenfalls und sende das Original an die Schlichtungsstelle des Vereins. Von dort wird es der Staatsanwaltschaft zugeleitet.

II. Schlussbemerkung

Schlichtungen bei Unterhaltspflichtverletzungen sind oft deshalb besonders schwierig, weil die Beziehung zwischen den Beteiligten tief zerrüttet ist. Die Strafanzeige der Geschädigten, oft die frühere Ehefrau, gegen den Vater ihres Kindes ist meist der letzte Versuch, doch noch Unterhalt zu erhalten. Wenn sich die Einkommenssituation des zahlungspflichtigen Elternteils zwischenzeitlich verschlechtert hat, kann es sinnvoll sein, im Strafverfahren geringere Beträge als zivilrechtlich tituliert zu vereinbaren.

Fall 3: Schlägerei vor der Disco (TOA bei Körperverletzung)

von *Robert Seufert*

Dem Urteil liegt folgender Sachverhalt zugrunde:

Nach einem Discobesuch hatte Herr Kleiber[324], zusammen mit weiteren drei Männern, Herrn Schöller und Herrn Müller verletzt. Dabei waren sie folgendermaßen vorgegangen:

Zunächst hatte Herr Kleiber die beiden Geschädigten in ein Gespräch verwickelt, während seine drei Begleiter die Geschädigten einkreisten. Unvermittelt schlugen zunächst Herr Kleiber sowie ein weiterer Beteiligter Herrn Schöller mit Fäusten gegen den Kopf. Anschließend gingen die anderen mit Schlägen und Tritten auf die Geschädigten los. Einer schlug Herrn Schöller mit einer Glasflasche, ein anderer mit einem Schlagstock auf den Kopf. Als Herr Müller dem verletzten Herrn Schöller helfen wollte, wurde er ebenfalls von mehreren Männern geschlagen und getreten. Auch als beide schon auf dem Boden lagen, traten und schlugen die Täter noch weiter auf sie ein. Sie ließen erst von den verletzten Männern ab, als Passanten eingriffen, die Täter abdrängten und die Polizei alarmierten. Dann flüchteten sie.

Herr Müller erlitt Prellungen am linken Oberarm, der gesamten linken Körperseite und links am Kopf. Er hatte eine Beule an der Stirn und Schmerzen im Kieferbereich.

Herr Schöller erlitt erhebliche Schmerzen und eine große Platzwunde an der rechten Stirnseite. Auch die Brillen der beiden Männer waren zu Bruch gegangen.

Herr Kleiber wurde angeklagt und in erster Instanz vor dem Amtsgericht zu einer Freiheitsstrafe ohne Bewährung in Höhe von einem Jahr und acht Monaten wegen schwerer Körperverletzung verurteilt.

Der Verteidiger legt daraufhin gegen dieses Urteil Berufung ein, beschränkt auf den Rechtsfolgenausspruch. Das bedeutet, dass in zweiter Instanz nicht mehr über die Tat an sich, sondern darüber zu verhandeln ist, wie sie zu sanktionieren sei.

Außerdem regt der Verteidiger eine Schlichtung beim Ausgleich e.V. an. Nachdem ich den Fall erhalten habe, schreibe ich Herrn Schöller und Herrn Müller an. Ich informiere darüber, dass der Verteidiger die Durchführung eines Schlichtungsverfahrens durch den Ausgleich e.V. anbietet und ich beauftragt worden bin, die Schlichtung durchzuführen. Ziel sei es, eine Wiedergutmachung des entstandenen Schadens durch den Täter zu

---

[324] Sämtliche Namen wurden geändert.

erreichen. Ich weise darauf hin, dass die Schlichtung kostenlos ist und auf Wunsch auch schriftlich und telefonisch durchgeführt werden kann. Ich verweise auch auf die Homepage des Vereins, auf der weitere Informationen zu erhalten sind, und bitte die Geschädigten, innerhalb einer Frist von 3 Tagen mitzuteilen, ob Einverständnis mit der Durchführung einer Schlichtung besteht.

Die beiden Geschädigten melden sich bald darauf kurz nacheinander telefonisch bei mir. Beide erklären sich mit dem Schlichtungsverfahren einverstanden. Ich erläutere den Ablauf des Verfahrens und frage sie nach ihren Wünschen und Forderungen an Herrn Kleiber.

I. Interessensklärung mit den Geschädigten

Herr Müller möchte lediglich seine kaputte Brille ersetzt bekommen. Den Wert der Brille beziffert er mit ca. € 300,00.

Der Geschädigte Schöller möchte ebenfalls seine kaputte Brille ersetzt bekommen. Er beziffert den Wert mit € 319,00. Außerdem möchte er ein angemessenes Schmerzensgeld erhalten. Auf meine Frage, was er sich als Schmerzensgeld vorgestellt habe, teilt Herr Schöller mit, dass er sich erst erkundigen müsse.

II. Abklärung der Schadenswiedergutmachung mit dem Verteidiger

Nach den Telefonaten mit den beiden Geschädigten rufe ich den Verteidiger an, um zu klären, in welcher Höhe eine Schadenswiedergutmachung durch Herrn Kleiber möglich sei. Der Verteidiger teilt mit, dass Herr Kleiber derzeit keine Einkünfte und auch kein Vermögen habe. Allerdings habe die Familie von Herrn Kleiber ihm insgesamt € 1.000,00 für die Wiedergutmachung des Schadens zur Verfügung gestellt. Dieses Geld sei bereits auf seinem Anderkonto und stehe zur Schadenswiedergutmachung zur Verfügung. Ich teile dem Verteidiger die Schadenshöhen zum Ersatz der beiden kaputten Brillen mit. Daraufhin erklärt der Verteidiger, dass sich in Bezug auf die Brille von Herrn Müller aus einem polizeilichen Vermerk eine Schadenshöhe von € 119,00 ergäbe. In Anbetracht der zur Verfügung stehenden € 1.000,00 schlägt er vor, Herrn Müller für den Ersatz seiner kaputten Brille € 150,00 und Herrn Schöller die restlichen € 850,00 zum Ersatz seiner Brille und als Schmerzensgeld zur Verfügung zu stellen.

III. Abklärung des Angebots mit den Geschädigten

Ich nehme erneut Kontakt mit den beiden Geschädigten auf und teile jeweils das Angebot von Herrn Kleiber bzw. dessen Verteidiger mit. Herr

Müller akzeptiert umgehend die Schadenswiedergutmachung in Höhe von € 150,00 zum Ersatz seiner Brille. Herr Schöller ist zwar grundsätzlich mit der Schadenswiedergutmachung einverstanden, möchte jedoch noch die Höhe des in Betracht kommenden Schmerzensgeldes klären. Ich weise Schöller darauf hin, dass in drei Tagen der Termin zur Hauptverhandlung ist. Üblicherweise wird eine Schlichtungsvereinbarung vor diesem Termin geschlossen, damit das Gericht in der Hauptverhandlung über den TOA informiert werden kann. Ich bitte Herrn Schöller daher, sich baldmöglichst zu melden.

IV. Erstellung der Schlichtungsvereinbarungen

Ich sende Herrn Müller nach dem Gespräch folgende Schlichtungsvereinbarung zu:

Schlichtungsvereinbarung

interne Fallnummer:

zwischen

anerkannte Gütestelle

nach § 794 ZPO

Herr Kleiber, (...)

- Beschuldigter -

und

Herr Müller, (...)

- Geschädigter -

zur Schadenswiedergutmachung im Rahmen des Strafverfahrens, Az.: (...) wg. gefährlicher Körperverletzung unter Mitwirkung des Schlichters (...) als Gütestelle. Die Urkunde ist gemäß § 794 ZPO I Nr. 1 ZPO vollstreckbar, da der Ausgleich e.V. eine anerkannte Gütestelle im Sinne von § 794 ZPO ist.

§ 1 Zweck der Vereinbarung
Die nachfolgende Vereinbarung soll dazu beitragen, eine Schadenswiedergutmachung zwischen dem Beschuldigten und dem Geschädigten herbeizuführen.

§ 2 Schadensersatz
Der Beschuldigte verpflichtet sich, an den Geschädigten für dessen beschädigte Brille € 150,00 zu bezahlen. Die Zahlung erfolgt bis spätestens am Tag vor der Hauptverhandlung am (…) auf das nachfolgend benannte Konto:
Inhaber: Herr Schöller, Bankverbindung xxxx

§ 3 Original/Abschriften
Das Original der Vereinbarung verbleibt beim Schlichter. Abschriften dieser Vereinbarung gehen an das Landgericht .... und die Geschäftsstelle des Ausgleich e.V.

............, den	.........., den	München, den (…)
Beschuldigter	Geschädigter	(Schlichter)

V. Abklärung des weiteren Vorgehens mit dem Verteidiger

Nachdem der Herr Schöller sich bei mir trotz zweier Anrufe und hinterlassener Nachrichten auf seinem Anrufbeantworter am Tag vor der Hauptverhandlung noch nicht gemeldet hat, rufe ich den Verteidiger an und bespreche mit ihm das weitere Vorgehen. Ich schlage vor, Herrn Schöller sowie dem Verteidiger die vorbereitete Schlichtungsvereinbarung vorab per Mail zu schicken. Der Verteidiger könnte diese dann mit in die Hauptverhandlung nehmen und von seinem Mandanten unterzeichnen lassen. Ich teile mit, dass ich weiterhin versuchen werde, mit Herrn Schöller vor der Hauptverhandlung zu sprechen. Sollte dies nicht gelingen, könnte der Verteidiger auch im Rahmen der Hauptverhandlung auf die Unterzeichnung der Schlichtungsvereinbarung hinwirken.

Des Weiteren teilte ich mit, dass die von Herrn Müller unterzeichnete Schlichtungsvereinbarung heute bei mir eingegangen ist und ich ihm diese umgehend zuleiten werde. Ferner bitte ich den Verteidiger, dass er mir nach der Hauptverhandlung die beiden von seinem Mandanten unterzeichneten Schlichtungsvereinbarungen sowie ggf. die von Herrn Schöller unterzeichnete Schlichtungsvereinbarung im Original zukommen lässt.

Nach dem Telefonat bereite ich die Schlichtungsvereinbarung zwischen Herrn Schöller und Herrn Kleiber vor und schicke sie per Email an die Parteien. Die Schlichtungsvereinbarung entspricht bis auf den nachfolgenden Passus der Vereinbarung mit Herrn Müller.

§ 2 Schadensersatz

Der Beschuldigte verpflichtet sich, an den Geschädigten bis spätestens (...) € 850,00 zu bezahlen. Der Betrag umfasst den Ersatz der beschädigten Brille sowie Schmerzensgeld. Die Zahlung erfolgt auf das nachfolgend benannte Konto:

VI. Abschluss des Schlichtungsverfahrens

Ein paar Tage nach dem Hauptverhandlungstermin erhalte ich vom Verteidiger die beiden von seinem Mandanten unterzeichneten Schlichtungsvereinbarungen. Er teilt mit, dass nicht zuletzt durch den erfolgreichen TOA die Freiheitsstrafe des Verurteilten zur Bewährung ausgesetzt wurde.

Einige Tage später übersendet der Geschädigte Schöller ebenfalls die von ihm persönlich unterzeichnete Schlichtungsvereinbarung.

Anschließend informiere ich die Schlichtungsstelle des Ausgleich e.V., dass die Schlichtung im Rahmen des TOA erfolgreich war.

Nach Eingang der Schlichtungsvereinbarung beim Ausgleich e.V. überweist die Geschäftsstelle des Ausgleich e.V. die zuvor auf dessen Anderkonto eingegangenen € 1.000,00 jeweils in vereinbarter Höhe an die beiden Geschädigten Schöller und Müller. Damit ist das Schlichtungsverfahren beendet.

Anmerkung:

Die Besonderheit dieses Falles lag darin, dass die Hauptverhandlung bereits acht Tage nach Eingang der Schlichtungsunterlagen beim Schlichter stattfand. Folglich mussten die sonst üblichen Fristen zur Erklärung des Einverständnisses innerhalb von zwei Wochen verkürzt werden. Durch die ausschließlich telefonisch erfolgte Shuttle-Mediation war eine beschleunigte Bearbeitung möglich. Die beiden Geschädigten sind durch das Schlichtungsverfahren schnell zum Ersatz der ihnen entstandenen Schäden und Schmerzensgeld gelangt. Es ist fraglich, ob sie ihre Ansprüche im Rahmen eines zivilrechtlichen Verfahrens auch erhalten hätten. Aufgrund der finanziellen Situation von Herrn Kleiber wäre eine Vollstreckung gegen ihn möglicherweise ins Leere gegangen. Auch Herr Kleiber profitierte wegen der Aussetzung der Strafe zur Bewährung vom Schlichtungsverfahren.

Fall 4: Vergewaltigung unter Männern (TOA bei Sexualstraftat)

von *Eva Weiler*

Nicolas Bender[325], ein 22-jähriger Student, hatte sich zu Fuß auf den Heimweg vom Volksfest in der Kleinstadt gemacht. Es war ein heißer Sommertag gewesen. Gegen Mitternacht betrug die Temperatur immer noch 22 Grad.

Er ging allein, seine Freunde hatten einen anderen Heimweg. In ungefähr 20 Minuten würde er zu Hause sein. Gerade hatte er das Viertel mit den schönen Gärten und Einfamilienhäusern passiert und kam zu den Sozialbauten. In der Ferne sah er zwei junge Männer auf der anderen Straßenseite, die kurz bevor sie die gleiche Höhe erreicht hatten, auf seine Seite wechselten. Sie gingen direkt auf Nicolas zu. Der Größere der beiden schlug ihm unvermittelt ins Gesicht. Der Kleinere hielt den Schläger zurück und ließ Nicolas weitergehen. Die Männer folgten ihm. Nicolas bekam Angst. Als er den Hof des EDEKA-Marktes, der im Dunkeln lag, erreicht hatte, packten ihn die beiden rechts und links am Arm und drängten ihn in den Hinterhof. Dort fragte ihn der Kleinere, „Wie viel Geld hast Du dabei?". Nicolas antwortete, er habe € 20. „Her damit", forderte der Kleine. Nicolas öffnete seine Geldbörse und übergab € 20. Offensichtlich hatten die beiden gesehen, dass noch mehr Geldscheine in der Geldbörse waren. Sie entrissen sie Nicolas und entnahmen das restliche Papiergeld im Wert von € 50 und steckten es in ihre Hosentaschen.

Der Kleine öffnete seine Hose und entblößte seinen erigierten Penis, der Größere drückte Nicolas mit dem Gesicht nach unten und zwang ihn, diesen in seinen Mund aufzunehmen. Er bewegte den Kopf von Nicolas so lange hin und her, bis Sperma kam. Dann stellte er sich hinter Nicolas, zog ihm Hose und Unterhose herunter und versuchte, mit seinem Penis in den Anus des Geschädigten einzudringen. Nicolas spürte einen stechenden Schmerz, schreckte schreiend hoch, schlug um sich und konnte sich befreien. Er rannte aus dem Hinterhof, die beiden Männer ergriffen die Flucht. Nicolas ging nach Hause, saß eine Stunde wie betäubt in seiner Wohnung und rief dann die Polizei an. Anschließend wurde er im Krankenhaus ärztlich versorgt. Spermaspuren wurden festgestellt. Auch am Tatort wurde Sperma gefunden.

Zwei Tage später wurde Nicolas zur Polizei geladen. Auf den vorgelegten Bildern konnte er keinen der Täter erkennen.

---

[325] Name geändert.

Das Ermittlungsverfahren wurde zunächst gegen Unbekannt geführt und ein halbes Jahr später eingestellt, da die Täter auch im Rahmen einer Öffentlichkeitsfahndung nicht ermittelt werden konnten.

Ein Jahr später führte ein Abgleich eines DNA-Profils mit der DNA von Herrn Antony Gregori[326], die in der DNA-Analyse-Datei gespeichert war, zu ihm als Täter. Nachdem Nicolas auf den ihm vorgelegten Lichtbildern den Größeren der beiden erkannte und ein weiteres DNA-Gutachten erstellt worden war, erließ das zuständige Amtsgericht 4 Monate später Haftbefehl gegen Herrn Gregori, der zu diesem Zeitpunkt wegen räuberischer Erpressung in Untersuchungshaft war.

Bei der Haftbefehlseröffnung einen Monat später stritt Herr Gregori die Tat ab. Er teilte mit, er könne sich weder an die Tat noch an den Tatort oder die beteiligten Personen erinnern. Es gäbe so viele Frauen in Deutschland, dass er sich nicht an einem Mann vergreifen werde. Darüber hinaus teilte er mit, dass er zum Tatzeitpunkt in seinem Heimatland in der Ukraine gewesen sei.

Wenig später korrigierte er seine Aussage, nachdem ihm nachgewiesen worden war, dass er sich zum Tatzeitpunkt in Deutschland aufgehalten hatte. Die Tat bestritt er weiterhin.

Die Anklage der Staatsanwaltschaft stützte sich darauf, dass Herr Gregori eindeutig durch den Abgleich der Spermaspuren überführt worden sei. Der Beschuldigte war zum Zeitpunkt der Tat 22 Jahre alt gewesen. Es wurde Anklage bei der Strafkammer des zuständigen Landgerichts erhoben.

Zwei Monate vor dem Termin der Hauptverhandlung bat der Strafverteidiger den Ausgleich e. V. in München ein Schlichtungsverfahren einzuleiten. Ich wurde mit der Schlichtung beauftragt und bekam die Kontaktdaten der Beteiligten.

Ich rief den Strafverteidiger an und bat ihn, mir die Anklageschrift zu übersenden. Der Strafverteidiger teilt mit, dass sein Mandant nach wie vor in Haft sei, und ihn aufgrund der Schwere des Delikts eine längere Haftstrafe erwarte. Nachdem sein Mandant aus der Ukraine stamme, würde er voraussichtlich, nach Verbüßung eines Teils der Haftstrafe, in sein Heimatland abgeschoben werden. Er habe Herrn Gregori die Möglichkeit eines TOA vorgestellt. Herr Gregori sei davon sehr angetan gewesen. Er habe bereits im letzten Jahr in der Haftanstalt gearbeitet und einen Betrag in Höhe von € 500,00 angespart, die er dem Geschädigten zur Verfügung stellen wolle. Das Geld sei auf dem Konto des Strafverteidigers und könne jederzeit ausbezahlt werden. Inzwischen sei sein Mandant geständig.

Ich teile mit, dass ich zunächst die Anklage lesen, dann die Opferseite anschreiben und mit ihr spreche werde und mich beim ihm melden werde, sobald ich die Interessen und Vorstellungen der Opferseite kennen würde.

---

[326] Name geändert.

In meinem Schreiben an Herrn Nicolas Bender teile ich mit, dass auf Anregung des Strafverteidigers die Schlichtungsstelle gebeten worden sei, einen sogenannten TOA durchzuführen. Von dort sei ich als Schlichterin eingesetzt worden. Die Schlichtung sei außergerichtlich und die Teilnahme daran freiwillig. Ziel der Schlichtung könnte es sein, seine Interessen und Bedürfnisse zu erfahren, sowie Schadenersatz- und Schmerzensgeldansprüche zu regeln. Das Verfahren sei kostenlos und ein Vorteil für Herrn Bender könnte sein, dass unbürokratisch eine Lösung gefunden wird. Ich setze eine Frist von einer Woche und bitte um Rückruf, bei dem ich auch noch offene Fragen beantworten könnte.

Vier Tage später ruft Herr Bender bei mir an. Er teilt mit, dass er über den Termin zur Hauptverhandlung informiert und zu diesem als Zeuge geladen worden sei. Eigentlich wolle er dort gar nicht erscheinen, weil ihn die Sache immer noch aufrege. Ich teile mit, dass das Gericht unter Umständen von seiner Zeugenaussage absehen könne, wenn der Angeklagte ein umfassendes Geständnis ablegen würde. Herr Bender meint, es würde ihn erleichtern, wenn er nicht aussagen müsse. Wir besprechen, dass ich den Strafverteidiger fragen werde, ob Herr Gregori bereit sei, ein umfassendes Geständnis abzulegen.

Herr Bender hatte sich bereits kurz nach der Tat von einem Rechtsanwalt beraten lassen und wusste, dass ihm ein Schadenersatzanspruch für das geraubte Geld, und ein Betrag von mehreren Tausend Euro an Schmerzensgeld wegen des sexuellen Missbrauchs und der Vergewaltigung zustehen. Er sei bisher davon ausgegangen, dass bei diesem Täter nichts zu holen sei. Es sei ihm lieber, wenn ich den Beschuldigten fragen würde, wie viel Geld er zur Verfügung stellen könne. Ich weise Herrn Bender darauf hin, dass er auf seiner Seite einen Anwalt einschalten könne, der sämtliche Schadenersatz- und Schmerzensgeldansprüche aufliste. Herr Bender meinte jedoch, so viel sei hier nicht zu holen und er sei froh, wenn er die Sache nicht wieder erneut erzählen müsse.

Ich frage, ob Herr Bender von Herrn Gregori eine Entschuldigung haben möchte und wenn ja, in welcher Form. Herr Bender wünscht sich eine handschriftliche Entschuldigung.

Es ist spürbar, dass Herr Bender psychisch von diesem Vorfall noch mitgenommen ist. Ich frage ihn, ob er sich bereits in psychologische Behandlung begeben habe. Meines Wissens gäbe es spezielle Trauma-Therapien, die meist erfolgreich seien. Herr Bender teilt mit, dass er auch schon daran gedacht habe, aber sich noch nicht entschlossen habe.

Ich biete ihm an, mich zu erkundigen, wer sich auf Trauma-Therapie in der Nähe seines Wohnortes spezialisiert hat. Herr Bender will in den nächsten Tagen auch selbst im Internet nachsehen.

Wir vereinbaren, dass ich mich wieder bei Herrn Bender melde, sobald ich etwas von der Gegenseite erfahren habe.

Anschließend bespreche ich mit dem Strafverteidiger, dass Herr Bender sich von seinem Mandanten
1. ein umfassendes Geständnis
2. eine schriftliche Entschuldigung sowie
3. Schadenersatz bzw. Schmerzensgeld
wünscht, wobei es Herrn Bender darauf ankommt, dass diese Beträge dann auch wirklich gezahlt werden und nicht nur auf dem Papier stehen.

Der Strafverteidiger wird diese Vorstellungen bei seinem nächsten Besuch mit seinem Mandanten besprechen und mich dann wieder anrufen.

10 Tage später teilt mir der Strafverteidiger seine Überlegungen mit: € 500,00 sind bereits vorhanden. Herr Gregori habe ihm mitgeteilt, dass er in der Haft monatlich € 110,00 verdiene, allerdings nur, wenn keine Feiertage seien und er auch tatsächlich arbeiten könne. Er sei bereit, von diesem Betrag monatlich € 60,00 an Herrn Bender zu zahlen.

Nach Ansicht des Strafverteidigers ist es realistisch, dass sein Mandant noch ca. 3 Jahre in Deutschland in Haft bleiben wird, da er bereits wegen räuberischer Erpressung verurteilt worden sei. Damit könnten drei Jahre lang € 720,00 = € 2.160,00 bezahlt werden. Zusammen mit dem bereits vorhandenen Betrag von € 500,00 ergäbe dies einen Betrag in Höhe von € 2.620,00.

Wir überlegen gemeinsam, dass es realistisch sei, wenn Herr Gregori sich verpflichten würde, einen Betrag in Höhe von € 3.000,00 zu bezahlen und ich Herrn Bender darauf hinweise, dass die Raten vermutlich nur so lange gezahlt werden, solange Herr Gregori in Haft ist. Anschließend wird er voraussichtlich ins Ausland abgeschoben werden. Ab diesem Zeitpunkt sei es unwahrscheinlich, dass er seinen Verpflichtungen weiter nachkommen wird.

Am nächsten Tag erreiche ich Herrn Bender und kläre mit ihm telefonisch das Angebot ab. Herr Bender zeigt sich erfreut, dass Herr Gregori, nachdem er von der Möglichkeit eines TOA erfahren hat, sofort € 500,00 auf das Konto des Strafverteidigers überweisen ließ und auch den größeren Betrag seiner monatlichen Einkünfte in der Haftanstalt an ihn überweisen will. Ich kläre ihn darüber auf, dass damit ein erheblicher Verzicht des Angeklagten einhergeht, da sich die Strafgefangenen von diesem Geld üblicherweise Körperpflegemittel, Kaffee, Zigaretten und Zeitschriften im gefängniseigenen Geschäft kaufen.

Mehr wert als der Geldbetrag erscheint mir, dass Herr Bender erfährt, dass nach der erniedrigenden Behandlung durch Herrn Gregori das Bemühen da ist, etwas wieder gutzumachen und dieser auch bereit ist, ein umfassendes Geständnis abzulegen und schriftlich um Entschuldigung zu bitten.

Ich bitte Herrn Bender um seine Bankverbindung und fertige anschließend den ersten Entwurf einer Schlichtungsvereinbarung, die ich zunächst dem Strafverteidiger sende. Er hat noch einige kleinere Änderungswünsche.

Nachdem wir diese besprochen haben, sende ich die geänderte Fassung auch an Herrn Bender. Ich weise noch einmal darauf hin, dass die monatlichen Ratenzahlungen voraussichtlich nur so lange erfolgen werden, wie Herr Gregori in Haft ist. Gleichzeitig teile ich Herrn Bender die Anschrift einer Therapieeinrichtung mit, die mir empfohlen worden ist.

Zwischenzeitlich hat der Strafverteidiger das handschriftliche Entschuldigungsschreiben von Herrn Gregori erhalten. Da er die deutsche Sprache nicht vollständig beherrscht, hatte der Strafverteidiger dieses zunächst durchgesehen, die Fehler korrigiert und seinen Mandanten dazu angehalten, die korrigierte Fassung noch einmal abzuschreiben. Das handschriftliche Entschuldigungsschreiben hat folgenden Text:

Sehr geehrter Herr Bender,

ich möchte mich bei Ihnen aufrichtig für das, was ich Ihnen in der Nacht vom 31. Juli angetan habe, entschuldigen. Ich weiß, dass man so etwas nicht wieder ungeschehen machen kann.

Hier im Gefängnis habe ich sehr viel Zeit, darüber nachzudenken, wie ich so etwas nur tun konnte. Ich habe an dem Abend sehr viel Alkohol auf dem Volksfest getrunken. Aber das spielt keine Rolle und kann mein Verhalten nicht entschuldigen.

Leider habe ich in meinem Leben schon viele Fehler gemacht. In Zukunft werde ich mich jedoch bessern, arbeiten und mich bemühen ein vernünftiges Leben zu führen.

Ich hoffe, dass Sie die Entschuldigung annehmen können.

Alles Gute

Antony Gregori

Ein paar Tage später erhalte ich die von Herrn Antony Gregori und seinem Strafverteidiger unterschriebene Schlichtungsvereinbarung. Ich lege das Original des Entschuldigungsschreibens bei und schicke die Unterlagen an Herrn Bender mit der Bitte, die Vereinbarung ebenfalls zu unterschreiben und mir wieder zurückzusenden.

Ich habe den Fall eine Woche später zur Wiedervorlage vorgemerkt. Die Schlichtungsvereinbarung ist zu diesem Zeitpunkt nicht bei mir angekommen. Ich schreibe Herrn Bender eine E-Mail und bitte um Rücksendung. Eine Woche später habe ich immer noch keine Antwort.

Ich schreibe erneut und bekomme keine Rückmeldung. Der Strafverteidiger meldet sich und fragt, was los sei. Ich kann es ihm nicht erklären. Ich versuche, Herrn Bender auf seinem Handy zu erreichen, aber es gibt keine Mailbox. Anschließend bitte ich in einem Brief um die Rücksendung der Schlichtungsvereinbarung oder um Mitteilung, warum diese nicht erfolgt. Ich setze darin eine Frist von einer Woche. Am Tag des Fristablaufs bekomme ich einen Anruf von Herrn Bender. Er sei im Urlaub gewesen und habe vollkommen vergessen mir Bescheid zu geben. Heute sei Fristablauf.

Er käme gerne mit der unterschriebenen Vereinbarung vorbei, sofern es nicht mehr ausreiche, wenn er sie per Post sende. Ich teile Herrn Bender mit, dass es ausreichend ist, wenn ich die Vereinbarung morgen erhalte. Es sind noch fünf Tage bis zur Hauptverhandlung. Die unterschriebene Schlichtungsvereinbarung trifft am nächsten Tag ein.

Mein Eindruck ist, dass alle Beteiligten mit der Schlichtung zufrieden sind. Durch die Anregung des Strafverteidigers hat Herr Gregory die Möglichkeit erhalten, Verantwortung zu übernehmen und aktiv an einer Wiedergutmachung mitzuwirken. Er hat trotz seiner eingeschränkten Möglichkeiten, Geld zu verdienen, angeboten das zu leisten, was ihm derzeit möglich ist.

Herr Bender war beeindruckt von den Aktivitäten und dem Entgegenkommen des Angeklagten. Sicher hat auch die Information, dass Herr Gregori für diese Tat voraussichtlich eine Haftstrafe erhalten wird und danach in sein Heimatland abgehoben wird, zu seiner Entspannung beigetragen.

Herr Gregori wurde in der nachfolgenden Hauptverhandlung auch wegen anderer Delikte zu einer Freiheitsstrafe von 6 Jahren verurteilt. Der TOA wurde strafmildernd berücksichtigt.

Fall 5: Mordversuch unter Freunden (TOA in der Revisionsinstanz nach Tötungsdelikt)[327]

von *Natasha Endres* und *Sonja Schmid*

Zum ersten Mal in unserer jetzt schon über 10 Jahre währenden TOA-Tätigkeit haben wir auf Wunsch des Geschädigten einen gescheiterten TOA im Rahmen eines Revisionsverfahrens erneut gestartet. Wir entschieden uns, nach Rücksprache mit der Richterin gemäß § 155a StPO zu handeln, nach dem

> *„die Staatsanwaltschaft und das Gericht in jedem Stadium des Verfahrens die Möglichkeiten prüfen soll, einen Ausgleich zwischen Beschuldigtem und Geschädigtem zu erreichen".*

Das Verfahren wurde durch einen Brief aus der JVA eingeleitet. Darin erklärte uns Herr Leventov[328], dass er sich in Untersuchungshaft befände, weil gegen ihn wegen „versuchten Mordes" ermittelt werde. Er bat um die Möglichkeit, sich mit dem Geschädigten, Herrn Gasparov[329], auszusprechen. Es war ihm ein dringendes Bedürfnis, sich zu entschuldigen und „zu einem gemeinsamen Einverständnis zu kommen".

Meine Kollegin und ich besuchten Herrn Leventov in der JVA und führten mit ihm ein Vorgespräch. Er berichtete, dass er und Herr Gasparov aus Russland stammen. Anfangs habe Herr Gasparov ihn in Deutschland sehr unterstützt. Er habe ihm eine Arbeitsstelle besorgt und sich um ihn gekümmert. Herr Gasparov sei für ihn eine Art Mentor und Freund geworden.

Zunehmend sei jedoch ein Konkurrenzverhältnis entstanden und es kam immer häufiger zu Streitereien. Es ging dabei um die Gunst des Chefs und um Kompetenzstreitigkeiten in der Arbeit. Hinzu kam, dass Herr Leventov den Eindruck bekam, dass Herr Gasparov ihm seine Freundin missgönnte. Aufgrund der zunehmenden Spannungen habe der Leiter der Arbeitsstelle sie beide mehrmals um ein Gespräch gebeten und sich um Klärung und Befriedung der Situation bemüht. Leider ohne Erfolg.

Die Auseinandersetzung sei eskaliert, als Herr Gasparov an seine Freundin eine Mail sandte, in der er behauptete, dass er, Herr Leventov, seine Freun-

---

[327] Überarbeitete Version eines Berichts, der in seiner ursprünglichen Fassung veröffentlicht wurde in TOA-Infodienst Nr. 45 (2012), 22. Wir danken den Beteiligten für die freundliche Genehmigung zum Abdruck.

[328] Name geändert.

[329] Name geändert.

din schon mehrfach betrogen habe. Seine Freundin habe nach Erhalt der Mail die Beziehung zu ihm beendet.

Voller Zorn und Hilflosigkeit sei er darauf zu Herrn Gasparov gefahren. Er habe ihn „zur Rede stellen wollen" und auch eine Entschuldigung von ihm erwartet. Als Herr Leventov jedoch keinerlei Bedauern gezeigt habe, sei er ausgerastet und wollte ihm „wehtun". Der Streit sei leider schnell eskaliert.

Es gab längere Zeit gegenseitige verbale Angriffe, Provokationen und körperliche Auseinandersetzungen. Schließlich habe Herr Gasparov versucht, die Wohnung zu verlassen. Er habe ihn verfolgt und im Treppenhaus eingeholt, ein weiteres Mal geschlagen und schließlich den am Boden liegenden Herrn Gasparov mit den Füßen getreten. Dieser Tatbestand wurde von der Staatsanwaltschaft später als versuchter Mord gewertet. Darüber war Herr Leventov entsetzt. Er beteuerte, dass er keinen Landsmann töten würde. Außerdem sei er barfuß gewesen. Es sei ihm ein großes Anliegen, sich mit Herrn Gasparov auszusprechen, sich bei ihm zu entschuldigen und eine Wiedergutmachung anzubieten.

Mit dem Geschädigten kam zunächst nur ein Mailkontakt zustande, in welchem er von uns allgemeine Informationen zum TOA erhielt und wir seine Fragen beantworteten.

Schließlich vereinbarte er einen Termin zu einem Vorgespräch und schilderte uns darin seine Sicht des Konflikts, welche sich weitgehend deckungsgleich mit der Schilderung von Herrn Leventov zeigte.

Herr Gasparov räumte ein, die Mail aus Eifersucht an die Freundin von Herrn Leventov versendet zu haben. Er sei wütend auf ihn gewesen, da Herr Gasparov sich wenig dankbar für seine Unterstützung gezeigt habe. Stattdessen habe er zunehmend versucht, ihm seine Position am Arbeitsplatz streitig zu machen. Er nehme ihm auch sehr übel, dass er versucht habe, andere Mitarbeiter gegen ihn aufzuwiegeln. Der Brief sei eine Art Rache gewesen. Ihm sei bewusst gewesen, dass Herr Leventov darauf heftig reagieren würde.

Nach der Tat sei er drei Tage im Krankenhaus behandelt worden. Neben einer Gehirnerschütterung habe er noch diverse Prellungen und Hämatome erlitten. Mittlerweile sei alles verheilt.

Eigentlich glaube er nicht, dass Herr Leventov ihn töten wollte. Allerdings habe ihm dessen rasende Wut Angst gemacht.

Auch ihm sei es ein Anliegen, sich zu versöhnen. Gerade im Hinblick auf die Familien in Russland sei es ihm ein Bedürfnis, die Sache aus der Welt zu schaffen. Er sei zu einer persönlichen Aussprache bereit und erwarte eine Entschuldigung, die auf echtem Bedauern basiere. Darüber hinaus fordere er eine Schmerzensgeldzahlung.

Unter großem Aufwand organisierten wir anschließend ein Ausgleichsgespräch. Herr Leventov wurde zu diesem Zweck von der Justizvollzugsanstalt ausgeführt, zwei ermittelnde Kriminalbeamte begleiteten ihn in unsere Fachstelle. Eine Dolmetscherin wurde beauftragt, dass Gespräch zu unterstützen. Der Richter hatte genaue Bedingungen festgelegt, unter denen das Gespräch zu führen war. So mussten Beamte während des Gespräches anwesend sein und Herrn Leventov durften die Fesseln nicht abgenommen werden. Um den Besprechungstisch saßen Herr Gasparov, Herr Leventov, die Dolmetscherin und wir. Die beiden Kriminalbeamten saßen außerhalb des Settings.

Entgegen der im Vorgespräch von Herrn Leventov geäußerten Vorhaben, scheiterte das Ausgleichsgespräch daran, dass er seinen „Fehler" nur in Bezug auf die darauf folgenden Schwierigkeiten für sich selber einsah. Er schaffte es in diesem Gespräch nicht, sich auf die Sicht und die damit verbundene psychische Kränkung und Verletzung von Herrn Gasparov einzulassen. Er beharrte darauf, dass auch Herr Gasparov einen Teil der Verantwortung zu tragen habe, für die er ebenfalls eine Entschuldigung erwarte. Ohne diese Entschuldigung könne er Herrn Gasparov nicht aufrichtig um Entschuldigung bitten und sei auch nicht bereit, eine Wiedergutmachung zu leisten. So mussten wir das Gespräch abbrechen, um den Geschädigten zu schützen.

In der darauf folgenden Hauptverhandlung wurde Herr Leventov zu einer Haftstrafe von über 5 Jahren verurteilt.

Einige Zeit später erhielten wir einen Brief von Herrn Leventov, in dem er sich für sein Verhalten während des gemeinsamen Gespräches mit Herrn Gasparov entschuldigte. Er habe auch Herrn Gasparov um Entschuldigung gebeten und ihm eine Wiedergutmachung angeboten.

Fast zeitgleich nahm der Geschädigte erneut Kontakt mit uns auf. Er bat um ein weiteres Gespräch im Rahmen des TOA und legte seinem Brief auch die Kopie eines von ihm verfassten Schreibens an den Bundesgerichtshof bei, in welchem er die Richter um ein milderes Urteil im anhängigen Revisionsverfahren bat.

Wir nahmen daraufhin telefonisch Kontakt mit Herrn Gasparov auf. Er gab an, dass er Herrn Leventov regelmäßig in der JVA besuche und sich mit ihm versöhnt habe. Er betrachte ihn nun wieder als seinen Freund, den er unterstützen wolle.

Aufgrund der Bitte von Herrn Gasparov führten wir erneut ein Vorgespräch mit dem Beschuldigten, um die aktuelle Situation zu erfragen und seine Bereitschaft zur Verantwortungsübernahme abzuklären. Herr Leventov gab an, dass er sein Verhalten im ersten Gespräch tief bedauere, er jetzt im vollen Umfang seine eigenen Tatanteile anerkenne und dafür die Verantwortung übernehme.

Er habe sich seitdem schon mehrfach bei Herrn Gasparov entschuldigt und wolle dies im „offiziellen" Rahmen des TOA nochmals tun. Auch zur Zahlung einer finanziellen Wiedergutmachung sei er bereit. Auf seine Äußerungen im ersten Gespräch angesprochen, gab Herr Leventov an, dass er selbst nicht genau wisse „was ihn geritten habe". Alle angestauten Gefühle seien plötzlich „hoch gekocht". Erst in der anschließenden Reflektion des Gespräches, sei ihm bewusst geworden, dass er sich und seine Kränkung stärker als die Verletzung und Kränkung von Herrn Gasparov im Blick hatte. Durch intensive therapeutisch geleitete Gruppengespräche in der JVA habe er in den zurückliegenden Monaten gelernt, viele Dinge aus einer neuen Perspektive zu betrachten und anders mit ihnen umzugehen.

Nach Telefonaten mit dem Anwalt des Beschuldigten und Rücksprache mit der zuständigen Richterin wurde ein zweiter gemeinsamer Gesprächstermin vereinbart, diesmal in den Räumlichkeiten der JVA und erneut unter Einbezug einer Dolmetscherin.

Dieses Gespräch verlief erfolgreich und für beide Parteien zufriedenstellend. Es wurde eine Vereinbarung über ein Schmerzensgeld getroffen und Herr Leventov schenkte Herrn Gasparov zwei von ihm persönlich gefertigte Portraits. Im weiteren Verlauf des Gespräches reflektierten die Beteiligten über das Entstehen der Situation und erreichten eine sehr persönliche Aussprache. Beide äußerten sich erleichtert und gelöst am Ende des Gespräches.

In der einige Zeit später stattfinden Revisionsverhandlung wurde der diesmal geglückte TOA strafmildernd berücksichtigt und das Strafmaß von über 5 Jahren auf unter drei Jahre gesenkt. Aufgrund der langen Dauer der Untersuchungshaft wurde der Haftbefehl noch im Gerichtssaal aufgehoben.

Da Herr Leventov über seinen Anwalt informiert war, dass er unmittelbar nach der Verhandlung einen Abschiebebeschluss erhalten würde, reiste er selbstständig aus Deutschland aus. Wohin ist uns unbekannt. Lange Zeit wussten wir daher auch nicht, ob die getroffene Vereinbarung bezüglich des Schmerzensgelds tatsächlich erfüllt wurde. In den Weihnachtsferien dieses Jahres erhielten wir jedoch einen gemeinsam verfassten Weihnachtsgruß von Herrn Leventov und Herrn Gasparov. Darin erzählten beide, dass sie weiter befreundet seien und uns nochmals für unsere Vermittlungsbemühungen danken möchten.

Sicherlich ist der Fall bezüglich seiner Konstellation eher ungewöhnlich und die heimatliche Verbundenheit beider Parteien hat eine besondere Rolle gespielt. Der TOA fand trotz des gescheiterten ersten Versuchs bei der Bemessung des Strafmaßes deutliche Berücksichtigung.

Fall 6: Einbruchsdiebstahl mit später Reue (TOA während des Strafvollzugs)

von *Oliver Franke*

In der Justizvollzugsanstalt Landsberg werden seit Oktober 2013 Gefangene in geeigneten Fällen gefragt, ob sie an der Durchführung eines TOA interessiert seien. Die Anstaltspsychologin, Frau Meister[330], hat sich auf Bitten eines Gefangenen, Herrn Weber[331], mit dem Ausgleich e. V. in Verbindung gesetzt. Von dort werde ich gebeten die Schlichtung durchzuführen.

In den mir u. a. übermittelten Unterlagen lese ich folgenden Sachverhalt:

„Im August 2012, in der Nacht um etwa 3:00 Uhr, gelangte der Angeklagte in das Haus des Geschädigten in München Schwabing, indem er ein gekipptes Fenster aufdrückte und in die Wohnung im Erdgeschoss einstieg. Der Angeklagte durchsuchte die Wohnung und fand einen Autoschlüssel, einen Geldbeutel mit ca. € 20,- Bargeld sowie zwei Kreditkarten, eine EC Karte und den Führerschein und Personalausweis des Geschädigten. Der Angeklagte nahm all diese Wertgegenstände an sich und steckte sie in seine Tasche. Der Geschädigte wachte durch die Geräusche auf und überraschte den Angeklagten im Flur seiner Wohnung. Der Angeklagte stürzte daraufhin mit den Wertgegenständen aus der Wohnung und rannte davon."

Nach Durchsicht der übersandten Unterlagen, nehme ich zunächst telefonisch Kontakt mit der Anstaltspsychologin Frau Meister auf.

Sie erzählt mir, dass der Inhaftierte ihr bei seinem Aufnahmegespräch spontan mitgeteilt habe, dass er einen TOA durchführen wolle. Grund dafür sei, dass er mit seinem alten Leben abschließen und ein neues Leben beginnen wolle. Er wolle sein altes Leben „bereinigen" und den Schaden zumindest teilweise wieder gutmachen. Herr Weber ist 24 Jahre alt.

Ich vereinbare daraufhin einen Termin für meinen Besuch in der JVA Landsberg am Lech, um mit Herrn Weber zu sprechen.

Die Formalitäten am Eingang der Haftanstalt dauern nur wenige Minuten und ich kann den Gefangenen in einem kleinen Besprechungsraum treffen.

Ich erläutere ihm ausführlich die Funktionsweise des TOA und bitte ihn zu erzählen, was sein Ziel bzw. seine Beweggründe seien und was er sich als Ausgleich vorstelle.

Ich erfahre, dass er bereits seit seinem 12. oder 13. Lebensjahr Drogen konsumiert hat. Seit dieser Zeit hat er seine Sucht, anfangs durch kleinere Diebstähle und Ähnliches, finanziert. Seine Geldnot wurde durch den ge-

---

[330] Name geändert.

[331] Name geändert.

stiegenen Konsum immer größer, so dass er auch Wohnungs- und Autoaufbrüche beging.

Er ist mehrmals erwischt worden und stand oft vor Gericht. Das erste Mal musste er mit 18 Jahren ins Gefängnis. Er war fast neun Monate im Gefängnis, als ihm die restlichen sechs Monate zur Bewährung erlassen wurden. Eigentlich hatte er sich damals fest vorgenommen, nach seiner Haftentlassung eine Arbeitsstelle zu suchen und einer regulären Arbeit nachzugehen und nicht mehr straffällig zu werden.

Nach seiner Haftentlassung traf er sich jedoch bald wieder mit seinen alten Freunden und trotz Bewährungsauflagen, Bewährungshelfer und Drogenkontrollen begann er wieder Drogen zu konsumieren und machte weiter, wo er vorher aufgehört hatte.

Zur Finanzierung seiner Sucht kam er auf die Idee, die Briefkästen in Mietshäusern aufzubrechen und bei der vorgefundenen Post nach Wertsachen wie Geldscheinen oder EC-Karten zu suchen.

Seine Eltern ließen sich scheiden, als er gerade einmal zwei Jahre alt war. Herr Weber hat seitdem keinen Kontakt mehr zu seinem Vater. Er weiß nicht, wo er wohnt und ob er noch lebt.

Seine Mutter hatte schon vor einigen Jahren, als er 18 oder 19 Jahre alt war und zum fünften oder sechsten Mal vor Gericht stand, die Geduld mit ihm verloren und ihn aus der Wohnung geworfen. Er konnte zunächst bei Freunden schlafen, hatte aber eigentlich keinen festen Wohnsitz mehr. Seit dieser Zeit vermeidet seine Mutter jeden Kontakt mit ihm. Er versteht das, da er seine Mutter oft bestohlen und angelogen hat. Dies belaste ihn viel stärker als alle Strafen, mehr als die Gefängnisstrafe. Wenn es irgend möglich wäre, würde er gerne alles rückgängig machen und noch einmal als Kind von neuem beginnen.

Er stellt sich vor, wenn er endlich aus dem Gefängnis entlassen wird, dass er mit anderen Jugendlichen arbeitet, die in einer ähnlichen Situation sind, um vielleicht Schlimmeres zu verhindern, damit sie nicht den Weg gehen, den er gegangen ist. Vor allem aber erhofft er sich, dass, wenn er aus der Haft entlassen wird und tatsächlich eine Arbeit gefunden hat, seine Mutter wieder Kontakt zu ihm zulässt und er sie öfter sieht und sie besuchen kann.

Er kam auf die Idee, einen TOA durchzuführen, da er im Nachhinein seine Taten sehr bedauert.

Besonders in Erinnerung ist ihm dieser Wohnungsaufbruch im Sommer in Schwabing, bei dem er von dem Eigentümer während der Tat überrascht wurde. Er kann sich noch genau an den entsetzten Blick des Mannes erinnern, als dieser plötzlich in seinem Schlafanzug im Wohnungsflur stand und ihn dabei erwischte, als er gerade seine Geldbörse und seine Autoschlüssel in seine Jackentasche steckte. Er ist sich sicher, dass der Mann zu Tode erschrocken war und eventuell noch heute unter der Tat leidet. Manchmal wacht er nachts auf und merkt, dass er geträumt hat, dass bei ihm zu Hause eingebrochen worden ist und er den Täter überrascht hat.

Auf meine Frage, was er mit den Sachen gemacht habe, die er bei dem Einbruch entwendet habe, erklärt er mir, dass er das Geld behalten hätte, es sei nicht viel gewesen, € 10 bis 20. Die Kreditkarten und den Führerschein sowie den Ausweis und auch den Geldbeutel habe er bei seiner Flucht weggeworfen.

Mir ist wichtig zu erfahren, wie er sich den Ausgleich vorstellt und was er dem Geschädigten anbieten möchte. Er erklärt mir, dass er sich natürlich zunächst einmal entschuldigen möchte, aber er wolle dem Geschädigten auch den finanziellen Schaden ersetzen. Er wisse nicht, ob der Geschädigte wieder in den Besitz der Kreditkarten, des Führerscheins und des Ausweises gekommen sei, oder ob er diese Unterlagen erneut beschaffen musste. Ich möge dies bitte in Erfahrung bringen.

Am wichtigsten sei ihm, dass der Geschädigte erfährt, dass ihm die Tat leid tue, er sich dafür schäme und bei ihm entschuldigen möchte, gerne auch persönlich oder wenn das nicht geht, dann schriftlich. Er hoffe, dass der Geschädigte nicht mehr unter der Tat leide.

Ich frage ihn, wie viel Geld er zur Verfügung habe. Er erklärt mir, dass er bis jetzt ca. € 80 gespart hätte, dass er in der Justizvollzugsanstalt arbeiten würde und ca. € 47 monatlich verdiene. Er hoffe jedoch, künftig eine besser bezahlte Arbeit in der JVA zu finden. Er erzählt, dass er mittlerweile das Rauchen aufgegeben habe, um mehr Geld sparen zu können. Er könne von den € 47 sicherlich € 40 monatlich sparen und als Raten bezahlen; € 7 im Monat würden ihm für Süßigkeiten und für Körperpflegeartikel reichen.

Ich verspreche Herrn Weber, dass ich versuchen werde, mit dem Geschädigten, Herrn Bürgel[332], Kontakt aufzunehmen und mich dann wieder bei ihm melden werde.

Am nächsten Tag schreibe ich den Geschädigten an. Nach einigen Tagen meldet sich Herr Bürgel telefonisch bei mir. Er fragt, wie es denn dazu komme, dass sich der Täter fast 2 Jahre nach der Tat bei ihm entschuldigen und den Schaden wieder gutmachen wolle. Ich erzähle ihm von meinem Gespräch mit Herrn Weber und richte das aus, was er mir aufgetragen hat.

Herr Bürgel steht einem TOA eher ablehnend gegenüber. Er sagt, am liebsten wäre es ihm, wenn er niemals mehr an die Geschichte erinnert werden würde. Er empfand es als eine Unverschämtheit, dass jemand einfach so in seine Wohnung eingestiegen ist und seine Privatsphäre gestört hat. Es gehe ihm überhaupt nicht darum, dass er einen Schaden ersetzt haben wolle. Seine Kreditkarte und die weiteren Unterlagen habe er auf der Straße wieder gefunden.

Herr Bürgel lässt sich von mir erklären, wie es dazu gekommen ist, dass der Herr Weber jetzt in Haft sitzt und was er sich sonst noch alles hat zu

---

332 Name geändert.

Schulden kommen lassen. Er fragt genau nach, wie es denn mit ihm, einem offensichtlich noch sehr jungen Mann, soweit kommen konnte.

Ich erkläre ihm, dass es sich bei Herrn Weber um einen ehemaligen Drogenabhängigen und bei den Straftaten um klassische Beschaffungskriminalität handelt, und sage ihm, dass er im persönlichen Gespräch auf mich einen reflektierenden Eindruck gemacht habe und er wohl ein neues Leben beginnen möchte. Dafür spräche wohl auch die Bereitschaft, an einem TOA teilzunehmen, der ihm keine direkte Vergünstigung und keinen direkten Vorteil bringe.

Ich habe den Eindruck, dass Herr Bürgel im Laufe des Gespräches zunehmend die Bereitschaft entwickelt, der Durchführung eines TOA zuzustimmen.

Ich erkläre ihm, dass er sich in meinem Beisein mit Herrn Weber in der Justizvollzugsanstalt an einem Tisch zu einem Gespräch treffen könne. Das erscheint Herrn Bürgel ein zu großer Aufwand. Er will sich aber Gedanken dazu machen, wie Herr Weber den entstandenen Schaden wieder gutmachen könne. Wir vereinbaren, dass Herr Bürgel mich in einigen Tagen noch einmal anruft.

Bereits am nächsten Tag teilt mir Herr Bürgel mit, dass er es angemessen fände, wenn Herr Weber sich bei ihm schriftlich entschuldigen würde. Zudem solle er einen Schadenersatzbetrag in Höhe von € 1.000 bezahlen.

Ich sage ihm, dass Herr Weber etwa € 80 angespart habe und lediglich € 47 im Monat verdiene und daher monatliche Raten in Höhe von € 40 zahlen könne. Herr Bürgel erklärt daraufhin von sich aus, dass die Schadenersatzzahlung im Verhältnis zum Einkommen stehen müsse und eine Zahlung von € 200 ausreichend sei.

Er möchte diesen Betrag nicht selbst erhalten, sondern wünscht, dass Herr Weber den Betrag in fünf monatlichen Raten von € 40 an die Zeitschrift „Biss“, Bürger in sozialen Schwierigkeiten, bezahlt.

Nach unserem Gespräch fertigte ich einen ersten Entwurf für die soeben besprochene Vereinbarung und übersende diese an den Geschädigten zur Durchsicht.

Bereits zwei Tage später kommt die vom Geschädigten unterschriebene Vereinbarung zurück. Ich wollte zunächst Herrn Weber unterschreiben lassen, leite aber jetzt das bereits unterschriebene Exemplar an ihn weiter, mit der Bitte ebenfalls zu unterschreiben und seine schriftliche Entschuldigung beizufügen. In meinem Anschreiben informiere ich über mein Gespräch mit Herrn Bürgel.

Bereits nach wenigen Tagen trifft die von Weber unterschriebene Vereinbarung in meiner Kanzlei ein mit dem Entschuldigungs- und einem Begleitschreiben, in dem sich Herr Weber für meinen Einsatz bedankt und versichert, dass er die vereinbarten Raten pünktlich bezahlen wird.

E. Anhang: Mustervereinbarungen mit Erläuterungen

Von den nachfolgenden Schlichtungsvereinbarungen wurde die erste bei der Schlichtung im Jugendstrafrecht wegen Anzeige einer

- Körperverletzung

verwendet.

Die drei weiteren wurden während eines laufenden Verfahrens im Erwachsenenstrafrecht geschlossen. Sie betreffen die häufig zu schlichtenden Deliktsarten

- Unterhaltspflichtverletzung
- Körperverletzung
- Sexualstraftat.

Jeder Schlichtungsfall hat seine Besonderheiten. Die Vereinbarungen können daher jeweils nur Formulierungsvorschläge sein. Die Texte erheben keinen Anspruch auf Vollständigkeit und sind daher nur als erste Grundlagen für die berufliche Arbeit der Schlichter, Strafverteidiger und Opferanwälte gedacht. Je nach konkretem Sachverhalt und dem Stil des Verfassers müssen sie abgeändert werden.

Wir Autoren sind dankbar für kritische Hinweise und Anregungen zur Weiterentwicklung dieser Vereinbarungen, die in einer erneuten Auflage verwendet werden können.

Für alle Vereinbarungen gilt: Sollen Leistungen nach dem Abschluss der Hauptverhandlung erbracht werden, so ist es sinnvoll, die Schlichtungsvereinbarung in eine vollstreckbare Form zu bringen. Damit könnte der zuständige Gerichtsvollzieher mit der Pfändung der Forderung beauftragt werden, wenn der Schuldner nicht zahlt. Sofern die Schlichtungsstelle **nicht** anerkannte **Gütestelle** im Sinne des § 794 I 1 ZPO ist, erscheint es ratsam, die Vereinbarung vom Strafgericht in der Hauptverhandlung gerichtlich protokollieren zu lassen um eine vollstreckbare Vereinbarung im Sinne des § 127a BGB zu erhalten. Eine weitere, aber in diesen Fällen selten genützte Möglichkeit ist die Beurkundung durch einen Notar.

I. Schlichtungsvereinbarung im Jugendstrafrecht[333]

Vertrag im Rahmen des Täter-Opfer-Ausgleichs

Zwischen

Herrn ____________________ und Frau __________________

1. Für die am (Datum) ________________ begangene Körperverletzung entschuldigt sich Herr ____________________________ bei Frau ______________________.
2. Frau ______________ entschuldigt sich bei Herrn _________________ für die Verletzungen, die in der Vergangenheit passiert sind.
3. Beide Seiten nehmen die Entschuldigung an.
4. Herr _____________________ zahlt an Frau ___________________ ein Schmerzensgeld in Höhe von € 100.
5. Dieses Schmerzensgeld überweist er bis zum (Datum) ____________ auf das Konto der Schlichtungsstelle ______________. Die Schlichtungsstelle ______________ wird dieses Geld an Frau ______________ unverzüglich weiter überweisen.
6. Damit ist der Täter-Opfer-Ausgleich positiv abgeschlossen. Frau __________________ erklärt hiermit, dass sie keine weiteren straf- oder zivilrechtlichen Ansprüche geltend machen wird.
7. Die Eltern beider Parteien sind mit dieser Lösung einverstanden.

München, Datum

________________________ ____________________________

Unterschrift Herr .... Unterschrift Frau ....

[333] Diese Vereinbarung wurde uns freundlicherweise überlassen vom Autorenteam der Brücke München e. V.

II. Schlichtungsvereinbarung bei Unterhaltspflichtverletzung

Schlichtungsvereinbarung

Fall-Nr. .....

Zwischen

Frau ....
(Name, Anschrift, Telefon)

als gesetzliche Vertreterin der Kinder .... (Name),
geb. .... (Geburtsdatum) und ....(Name),
geb. .... (Geburtsdatum)

- als Verletzte -

und

Herrn..
(Name, Anschrift, Telefon)

- als Beschuldigten -

zur Wiedergutmachung des Schadens und der Tatfolgen
im Rahmen des Strafverfahrens – Az.: ....
wegen Unterhaltspflichtverletzung gemäß § 170 I StGB

1. Zweck der Vereinbarung

Die folgende Vereinbarung soll dazu beitragen, die Folgen der Situation, die zu oben genannter Anzeige geführt haben, durch freiwillige Leistungen des Beschuldigten ganz oder zumindest teilweise auszugleichen.

2. Unterhaltsleistungen

Der Beschuldigte verpflichtet sich hiermit, ab .... (Monat, Jahr) für die beiden gemeinsamen Kinder .... und ....
eine monatliche Teilzahlung für jedes Kind in Höhe von € 250,00 auf den titulierten Kindesunterhalt von derzeit monatlich € 334,00 (Zahlbetrag) zu bezahlen.

oder: Der Beschuldigte verpflichtet sich ab .... (Monat, Jahr) den titulierten Kindesunterhalt für die beiden gemeinsamen Kinder .... und ....in Höhe von derzeit jeweils monatlich € 334,00 zu bezahlen.

Die monatlichen Unterhaltszahlungen von derzeit insgesamt € .... (Summe der oben genannten Zahlungen) sind auf das Konto von Frau ________________ bei der ________________ Bank, Konto-Nr. ________________, BLZ ________________ zu leisten.

Die monatlichen Unterhaltszahlungen sind jeweils bis zum 3. eines Monats im Voraus fällig. Die Beträge müssen bei Fälligkeit auf dem angegebenen Konto gutgeschrieben sein.

Der Beschuldigte verpflichtet sich, einen Dauerauftrag einzurichten.

Ein Verzicht auf die Geltendmachung weitergehender, bereits bestehender oder zukünftig noch entstehender Unterhaltsansprüche ist damit nicht verbunden.

3. Empfangsbestätigung

Die Verletzte verpflichtet sich, die Schlichtungsstelle .... (Name, Adresse, Telefonnummer), zu informieren, sofern die vereinbarten Zahlungen des Beschuldigten nicht fristgemäß erfolgen.

4. Weitere Informationsempfänger

Einen Bericht über diese Vereinbarung sowie deren Erfüllung erhalten:

a) Staatsanwaltschaft .... (Ort)

b) Die Geschäftsstelle .... (Schlichtungsstelle, Adresse)

5. Bestätigung der Beteiligten

Mit den obigen Erklärungen bin ich einverstanden.

....	....
Datum, die Verletzte	Datum, der Beschuldigte

Der Vertrag ist am ________________ zustande gekommen.
(Tag der zuletzt geleisteten Unterschrift)

Diese Schlichtung ist unter meiner Leitung erfolgt:

____

(Name des Schlichters, Adresse, Telefonnummer)

Schlichter der Schlichtungsstelle .... (Name, Adresse)

Ergänzung:

Die Einleitung der Schlichtungsverfahren bei Anzeigen wegen Unterhaltspflichtverletzung erfolgt fast ausschließlich durch die Staatsanwaltschaften. Sofern die Schlichtung erfolgreich verlaufen ist, wird das Verfahren von der Staatsanwaltschaft meist gemäß § 153a I 2 Nr. 4 StPO eingestellt, unter der **Auflage,** dass die vereinbarte Unterhaltszahlung ein Jahr lang bezahlt wird. Es ist sinnvoll, beide Seiten darauf aufmerksam zu machen, dass die Auflage nur für längstens ein Jahr besteht. Sofern der Beschuldigte danach die Zahlungen einstellt, bleibt dem betreuenden Elternteil nichts anderes übrig, als erneut Strafanzeige zu stellen. Den meisten Beschuldigten ist jedoch klar, dass sie den Zahlungen damit nicht „entkommen" so dass sie von sich aus meist weiterzahlen, zumindest bis das Kind volljährig geworden ist.

Oft werden auch Zahlungen zur Tilgung des **Unterhaltsrückstandes** mit aufgenommen. Die Zahlung des laufenden Kindesunterhalts hat jedoch Vorrang.

Hat der Beschuldigte **Insolvenz** angemeldet ist zu beachten, dass keine Vereinbarungen über den Unterhaltsrückstand getroffen werden, ohne mit dem Insolvenzverwalter zu klären, ob der Unterhaltsrückstand bereits im Insolvenzverfahren bedient wird.

Bei Schlichtungen mit **volljährigen Kindern** ist zu berücksichtigen, dass die Unterhaltsrückstände der dreijährigen Verjährungsfrist unterliegen, vergleiche hierzu § 195 BGB i. V. m. § 197 II BGB und § 197 I Nr. 3, 4 BGB. Dieser Gefahr kann man entweder durch gerichtliche oder behördliche Vollstreckungsmaßnahmen begegnen, die die Verjährung gem. § 212 I Nr. 2 BGB erneut beginnen lassen oder durch eine Erklärung in der Vereinbarung, wonach das volljährige Kind so gestellt wird, als wenn es ein Feststellungsurteil über die noch ausstehende Summe gegen den Beschuldigten erwirkt hätte.

III. Schlichtungsvereinbarung bei Körperverletzung

Schlichtungsvereinbarung

Fall-Nr. ……

zwischen

Herrn/Frau ……………………………………………..
(Name, Anschrift, Telefon)

– als Verletzte/n –

und

Herrn ……………………………………………………..
(Name, Anschrift, Telefon)

– als Beschuldigten –

zur Wiedergutmachung des Schadens und der Tatfolgen
im Rahmen des Strafverfahrens – Az.: …………………..
wegen Körperverletzung.

1. Zweck der Vereinbarung

Die folgende Vereinbarung soll dazu beitragen, die Folgen der Situation, die zu oben genannter Anzeige geführt haben, durch freiwillige Leistungen der Beschuldigten auszugleichen.

2. Entschuldigung

Der Beschuldigte versichert Herrn/Frau …………… hiermit ausdrücklich, dass ihm der Vorfall vom ………. (Datum der Straftat) außerordentlich leid tut. Er bedauert sehr,
Herrn/Frau …………………………..… verletzt zu haben.

Die/Der Verletzte nimmt die Entschuldigung an.

oder:

Die/Der Verletzte nimmt die Entschuldigung zur Kenntnis.

3. Schmerzensgeld

Der Beschuldigte erkennt hiermit ausdrücklich an, dass er dem/der Verletzten einen Schmerzensgeldbetrag in Höhe von € .... schuldet.

4. Materieller Schadensersatzanspruch

Der Beschuldigte erkennt ferner an, dass er dem/der Verletzten einen Betrag in Höhe von € .... als materiellen Schadensersatz für Verdienstausfall, und Aufwendungen im Zusammenhang mit der Behandlung der Krankheit (Zuzahlung für Krankenbehandlungen und Rezepte sowie Taxikosten) in Höhe von € .... schuldet.

5. Zahlungsmodus

Die in Ziffer 3 und 4 genannten Beträge werden auf das Konto von Herrn/Frau .... (Vor- und Nachname) bis spätestens .... (Zahlungseingang) auf das Konto bei der ____________________ Bank, Konto- Nr. _________________________, BLZ __________________ überwiesen.

6. Weiterer immaterieller und materieller Schadensersatzanspruch

Im Gegenzug erklärt der/die Verletzte, dass mit dieser Zahlung sämtliche Schmerzensgeldansprüche für Vergangenheit und Zukunft abgegolten sind, sofern Schadensersatzansprüche nicht auf Dritte wegen medizinischer oder psychologischer Behandlung übergegangen sind oder noch übergehen werden.

oder:

Weitergehende bereits bestehende oder zukünftig noch entstehende Schadensersatz- oder Schmerzensgeldansprüche des/der Verletzten gegen den Beschuldigten bleiben durch diese Vereinbarung unberührt. Der/Die Verletzte wird hinsichtlich seiner/ihrer Ansprüche so gestellt, als wenn er/sie ein rechtskräftiges Feststellungsurteil gleichen Inhalts erwirkt hätte.

Der Beschuldigte verzichtet insoweit auf die Einrede der Verjährung.

7. Kosten des Opferanwalts

Der Beschuldigte verpflichtet sich ferner, die dem/der Verletzten entstandenen Kosten für den Opferanwalt die Schlichtungsvereinbarung betreffend aus einem Erledigungsbetrag von € .... mit ..... Gebühren zuzüglich Auslagenpauschale und Umsatzsteuer in Höhe von insgesamt € .... 14 Tage nach Rechnungsstellung durch den Opferanwalt zu bezahlen.

8. Unerlaubte Handlung, gerichtliche Protokollierung

Es besteht Einigkeit, dass sämtliche Ansprüche dieser Vereinbarung aus einer vorsätzlich begangenen unerlaubten Handlung resultieren.

Die Parteien werden durch ihre Anwälte in der Hauptverhandlung beantragen, diese Vereinbarung als Vergleich zu protokollieren, u. a. zum Zwecke der Erteilung einer vollsteckbaren Ausfertigung.

9. Empfangsbestätigung

Der/Die Verletzte verpflichtet sich, den Schlichter zu informieren, sofern die oben vereinbarte Zahlung an die Beschuldigte nicht fristgemäß erfolgt.

10. Erhebliche persönliche Leistung und persönlicher Verzicht

Um die übernommenen Verpflichtungen bezahlen zu können, nimmt der Beschuldigte eine deutliche Einschränkung seiner ohnehin beschränkten wirtschaftlichen Verhältnisse in Kauf. Die Zahlungen bedeuten für ihn einen erheblichen persönlichen Verzicht, im Sinne des § 46a Nr. 2 StGB.

11. Weitere Informationsempfänger

Einen Bericht über diese Vereinbarung sowie deren Erfüllung erhalten:

a) das zuständige Strafgericht

b) die Geschäftsstelle der Schlichtungsstelle

12. Bestätigung der Beteiligten

Mit den obigen Erklärungen bin ich einverstanden.

....	....
Datum, der/die Verletzte	Datum, der Beschuldigte
....	....
Datum, RA (Opferanwalt)	Datum, RA (Verteidiger)

Der Vertrag ist am ________________ zustande gekommen.
(Tag der zuletzt geleisteten Unterschrift)

Diese Schlichtung ist unter meiner Leitung erfolgt:

____

(Name des Schlichters, Adresse, Telefonnummer)

Schlichter der Schlichtungsstelle ....
(Name, Adresse)

Ergänzung:

Zur Sicherung künftiger Ansprüche ist es notwendig, nicht nur ein Anerkenntnis des Beschuldigten zu erhalten. Im Zweifel beginnt die Verjährungsfrist ohne eine ausdrücklich verjährungssichere Zusatzvereinbarung sofort neu zu laufen. Die in der Schlichtungsvereinbarung anerkannten Ansprüche würden somit drei Jahre nach Erklärung des Anerkenntnisses verjähren, vgl. dazu § 212 I 1 BGB. Die dreißigjährige Verjährungsfrist gemäß § 197 I 3 BGB gilt nur für rechtskräftig festgestellte Ansprüche. Um eine derart lange Verjährungsfrist zu erreichen ist ein sog. „titelersetzendes Anerkenntnis" (siehe oben Ziff. 6) notwendig. Zu beachten ist dabei, dass für – wohl nur in seltenen Fällen vereinbarte – wiederkehrende Leistungen z. B. Rentenzahlungen, gem. § 197 II BGB weiter die dreijährige Verjährungsfrist gilt.

IV. Schlichtungsvereinbarung bei Sexualstraftat

Schlichtungsvereinbarung

Fall-Nr. ....

zwischen

Herrn/Frau
....
(Name, Anschrift, Telefon)

– als Verletzte/n –

und

Herrn ....
(Name, Anschrift, Telefon)

– als Beschuldigten –

zur Wiedergutmachung des Schadens und der Tatfolgen
im Rahmen des Strafverfahrens – Az.: ....
wegen Sexualstraftat.

1. Zweck der Vereinbarung

Die folgende Vereinbarung soll dazu beitragen, die Folgen der Situation, die zu oben genannter Anzeige geführt haben, durch freiwillige Leistungen des Beschuldigten auszugleichen.

2. Entschuldigung

Der Beschuldigte versichert Herrn/Frau .... hiermit ausdrücklich, dass es ihm außerordentlich Leid tut, seine/ihre Grenzen, insbesondere auch die körperlichen, nicht geachtet und ihm daher erhebliches seelisches Leid zugefügt zu haben.

Die/Der Verletzte nimmt die Entschuldigung an.

oder:

Die/Der Verletzte nimmt die Entschuldigung zur Kenntnis.

3. Geständnis

Der Beschuldigte wird in der Hauptverhandlung ein umfassendes Geständnis ablegen, um dem/der Verletzten möglichst eine Aussage vor Gericht zu ersparen.

4. Kontaktverbot

Der Beschuldigte verpflichtet sich hiermit, zu dem/der Verletzten in Zukunft keinerlei Kontakt aufzunehmen, ihn/sie nicht anzusprechen, nicht anzurufen, ihm/ihr nicht nachzustellen, keine Telefaxe zu übermitteln, keine E-Mails oder SMS zu senden. Er verpflichtet sich ferner, sich der Wohnung, der Schule, dem Ausbildungs- oder dem Arbeitsplatz des/der Verletzten nicht auf eine Entfernung von weniger als 200 m zu nähern und auch keinen mittelbaren Kontakt über Familienangehörige, Freunde oder andere Dritte aufzunehmen. Es wird klargestellt, dass diese Auflistung lediglich erläuternden und keinesfalls einschränkenden Charakter hat. Das Kontaktverbot gilt daher für jegliche Kontaktaufnahme, auch für eine, die oben nicht ausdrücklich genannt ist.

5. Schmerzensgeld

Der Beschuldigte erkennt hiermit an, dass er dem/der Verletzten einen Schmerzensgeldbetrag in Höhe von € .... schuldet.

Die erste Teilzahlung in Höhe von € .... wird bis spätestens .... (Datum) auf das Konto des Opferanwalts, Herrn Rechtsanwalt ______________________ bei der ______________________ Bank, BLZ__________________ Konto-Nr. __________________ überwiesen.

Der dann noch offene Betrag in Höhe von € .... wird in monatlichen Raten von mindestens € .... bezahlt, beginnend mit dem dritten Monat nach der Haftentlassung des Beschuldigten. Die Zahlungen sind jeweils bis zum 05. eines Monats zur Zahlung fällig. Die Beträge müssen bei Fälligkeit auf dem oben angegebenen Konto gut geschrieben sein. Kommt der Beschuldigte mit einer Ratenzahlung in Verzug, ist der gesamte dann noch offene Betrag sofort zur Zahlung fällig.

Im Gegenzug erklärt der/die Verletzte, dass mit Erhalt der oben genannten Zahlungen sämtliche Schmerzensgeldansprüche abgefunden sind und insbesondere auf ein mögliches Adhäsionsverfahren – das Schmerzensgeld betreffend – hiermit ausdrücklich verzichtet wird.

6. Materieller Schadensersatzanspruch

Der Beschuldigte übernimmt die Kosten einer psychotherapeutischen Behandlung der durch die Straftat entstandenen psychischen Probleme des/der Verletzten, sofern diese notwendig werden.

Der/Die Verletzte behält sich die Geltendmachung weiterer materieller Schadensersatzansprüche (gemäß der einschlägigen BGH-Rechtsprechung) vor. Er/Sie wird hinsichtlich dieses Vorbehalts so gestellt, als wenn er/sie ein Feststellungsurteil gleichen Inhalts gegen den Beschuldigten erwirkt hätte.[334]

Der Beschuldigte verzichtet insoweit auf die Einrede der Verjährung.

7. Unerlaubte Handlung, gerichtliche Protokollierung

Es besteht Einigkeit, dass sämtliche Ansprüche dieser Vereinbarung aus einer vorsätzlich begangenen unerlaubten Handlung resultieren.

Die Parteien werden durch ihre Anwälte in der Hauptverhandlung beantragen, diese Vereinbarung als Vergleich zu protokollieren, u. a. zum Zwecke der Erteilung einer vollsteckbaren Ausfertigung.

8. Kosten des Opferanwalts

Der Beschuldigte verpflichtet sich ferner, die dem/der Verletzten entstandenen Kosten für den Opferanwalt die Schlichtungsvereinbarung betreffend aus einem Erledigungsbetrag von dem € .... mit ..... Gebühren zuzüglich Auslagenpauschale und Umsatzsteuer in Höhe von insgesamt € .... 14 Tage nach Rechnungsstellung durch den Opferanwalt zu bezahlen.

9. Empfangsbestätigung

Der/Die Verletzte verpflichtet sich, den Schlichter zu informieren, sofern die oben vereinbarte Zahlung an die Beschuldigte nicht fristgemäß erfolgt.

10. Erhebliche persönliche Leistung und persönlicher Verzicht

Um die übernommenen Verpflichtungen bezahlen zu können, nimmt der Beschuldigte eine deutliche Einschränkung seiner ohnehin beschränkten wirtschaftlichen Verhältnisse in Kauf. Die Zahlungen

[334] Siehe Ergänzung zur Schlichtungsvereinbarung Körperverletzung, S. 137.

bedeuten für ihn einen erheblichen persönlichen Verzicht, im Sinne des § 46a Nr. 2 StGB.

11. Weitere Informationsempfänger

Einen Bericht über diese Vereinbarung sowie deren Erfüllung erhalten:

a) das zuständige Strafgericht
b) die Geschäftsstelle der Schlichtungsstelle

12. Bestätigung der Beteiligten

Mit den obigen Erklärungen bin ich einverstanden.

....	....
Datum, der/die Verletzte	Datum, der Beschuldigte
....	....
Datum, RA (Opferanwalt)	Datum, RA (Strafverteidiger)

Der Vertrag ist am ________________ zustande gekommen.
(Tag der zuletzt geleisteten Unterschrift)

Diese Schlichtung ist unter meiner Leitung erfolgt:

____
(Name des Schlichters, Adresse, Telefonnummer)

Schlichter der Schlichtungsstelle ....
(Name, Adresse)

Vitae

Autoren

Prof. Dr. Johannes Kaspar, geb. 1976
- 2004 Promotion an der LMU München zum Thema „Wiedergutmachung und Mediation im Strafrecht"
- 2011 Habilitation und Erteilung der Lehrbefugnis für „Strafrecht einschließlich Wirtschaftsstrafrecht, Strafprozessrecht, Kriminologie, Jugendstrafrecht, Strafvollzug und außergerichtliche Streitbeilegung" durch die Juristische Fakultät der LMU München
- seit 2012 ordentlicher Professor an der Universität Augsburg und Inhaber des Lehrstuhls für Strafrecht, Strafprozessrecht, Kriminologie und Sanktionenrecht

Dr. Gunter Schlickum, geb. 1947
- Rechtsanwalt in München mit Tätigkeitsschwerpunkt Familienrecht
- seit 1997 Mediator (BAFM)
- seit 2003 Schlichter für den Ausgleich e.V. (Täter-Opfer-Ausgleich)
- Sprecher der Arbeitsgemeinschaft Mediation im Münchner AnwaltVerein

www.schlickum.com
www.mediationspraxis-muenchen.de

Eva Weiler, geb. 1955
- Rechtsanwältin in München
- seit 1998 Mediatorin (BAFM) mit Tätigkeitsschwerpunkt in den Bereichen Familienrecht, Arbeitsrecht
- seit 1999 Schlichterin für den Ausgleich e.V. (Täter-Opfer-Ausgleich)
- mediationsanaloge Supervisorin, mit der Ausbildung von Mediatoren betraut

www.mediationspraxis-muenchen.de

Co-Autoren

Autorenteam der Fachstelle für Mediation Brücke München
Natasha Endres, Sonja Martin, Sonja Schmid

- Sozialwissenschaftliches Studium
- Zusatzausbildung zur Mediatorin
- Systemische Weiterbildung

www.bruecke-muenchen.de

Oliver Franke

- Rechtsanwalt in Peterhausen bei München mit Tätigkeitsschwerpunkt Strafrecht und Verkehrsrecht
- seit 1999 Schlichter für den Verein Ausgleich e. V.

www.kanzlei.oliverfranke.de

Christian Richter

- Dipl. Sozialpädagoge mit Zusatzausbildung in der Gesprächspsychotherapie
- seit 1992 Mediator in Strafsachen, Täter-Opfer-Ausgleich
- zertifizierter Coach und Supervisor für Mediatoren

www.medios-mediation.de

Robert Seufert

- Rechtsanwalt bei SOLEOS in München mit den Tätigkeitsschwerpunkten Gesellschaftsrecht, Wettbewerbsrecht und Arbeitsrecht
- seit 2007 Schlichter für den Verein Ausgleich e. V.

www.soleos.com

Karin Ziegenhain

- Rechtsanwältin in München mit Tätigkeitsschwerpunkt Familienrecht und Mediation
- seit 2009 Schlichterin für den Verein Ausgleich e. V.

www.ra-ziegenhain.de

Sachverzeichnis

(Die Zahlen beziehen sich auf die jeweiligen Seiten.)

Buchanzeige

Mediation: der Blick hinter die Kulissen.

Weiler/Schlickum
Praxisbuch Mediation
2. Auflage. 2012. XXI, 216 Seiten.
Kartoniert € 38,90
ISBN 978-3-406-62753-8

Praxiswissen

ist auf dem Gebiet der Mediation häufig nur schwer zu vermitteln, weil die Anwesenheit Dritter bei Mediationsgesprächen von den Beteiligten meist nicht gewünscht wird. Wirkliche Praxiseinblicke sind so kaum zu erlangen.

Dieses Werk hilft

Das Praxisbuch erläutert die Methoden der Mediation anhand von **12 Falldokumentationen** aus dem Familien-, Arbeits-, Wirtschafts-, Gesellschafts- und Strafrecht sowie Schulrecht. Erfahrene Mediatoren schildern **Gespräche aus der Praxis** nahezu wortgetreu, teils in direkter Rede, und geben so wertvolle Einblicke. Alle Fälle sind mit Anmerkungen zur Methodik versehen und erleichtern damit das Verständnis.

Die 2. Auflage

berücksichtigt das neue **Mediationsgesetz,** das erstmals in Deutschland Aufgaben und Pflichten der Mediatorinnen und Mediatoren regelt. Auch neue Tendenzen zur Methodik der Mediation werden behandelt. Neu enthalten ist ein Fall zur außergerichtlichen **Wirtschaftsmediation.**

Bitte bestellen Sie bei Ihrem Buchhändler oder bei **www.beck-shop.de**

C.H.BECK